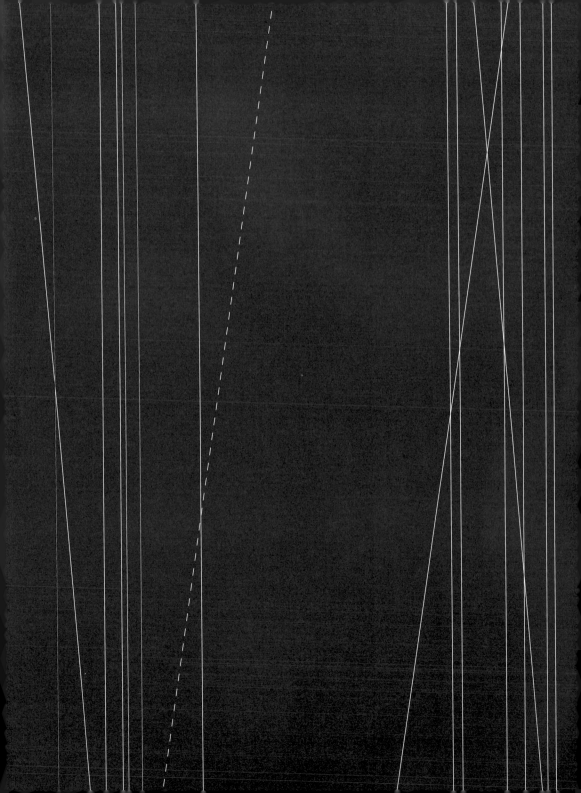

Fragments in Vogue History

時尚的碎片

序

　　時尚，是指某個時代的風尚，本身就帶著一定的歷史意味。那麼，「風尚」又是什麼呢？翻開《現代漢語詞典》，我們得到的關於「風尚」的解釋是這樣的：在一定時期中社會上流行的風氣和習慣。風尚是一種集體的心理狀態，是社會的產物，如果是在古代，我們說風尚是源自上流社會權貴階級的產物也不為過。

　　風尚可以表現在服飾、髮型、禮節、禮儀、生活方式等各個層面，它常常由好奇、新穎等社會心理因素所造成。比如當年那頂戴在法王路易十三頭上用來遮擋禿頂的假髮，到了十七、十八世紀的歐洲竟成了貴族氣派和特權階級的象徵！還有高跟鞋，當年不過是太陽王路易十四為了掩飾自己身材矮小而設計出來的鞋子。但那時的貴族和現代人一樣精於跟風和模仿，於是，高跟鞋就華麗地套在男人腳上，並在當時歐洲的上層社會流傳開來，成為當時男士們的風尚。

　　風尚不同於風格和習慣，後者經歷的歷史是較悠久、較鞏固的；而風尚則是一種風氣，有的是悠久的，有的是短暫、一時的，有的又呈現出和歷史類似的螺旋形的發展軌跡。

　　時尚界出現的傳奇女裝「小黑裙」（Little Black

Prologue

Dress），無論崇尚宮廷奢華韻味的設計大師保羅·波烈如何批評它是「高貴的窮酸相」，今天我們仍然能在所有女人的衣櫃裏找到它的身影。但是比小黑裙還早出現並流行了幾十年的緊身胸衣，就沒這樣的好運氣了，除了在電影和博物館裏，緊身胸衣在現代的確是芳蹤難覓了。當然，不得不承認這也是件值得慶幸的事情，否則現的女士們真不知道是該把自己餓個半死，還是勒個半死，然後再塞進小黑裙裏。

還記得前些年曾風靡一時的松糕鞋嗎？在多少時髦少女的腳上熠熠生輝！不過你可能不知道，古代的官老爺們早就玩過這招了，那鞋底高過鞋幫的官靴，活脫脫就是松糕鞋的古代版，只是穿在男人腳上罷了。歷史就是這樣重複著。所以家裏的松糕鞋先別急著丟，因為你永遠也不知道什麼時候它們會捲土重來，重新站上流行的浪頭。

在漢語裏說起「風尚」，似乎又帶了些「道德」的元素，畢竟從小時候起，我們就一直被「樹立道德新風尚」這樣的字眼耳濡目染著。但事實上風尚並不同於道德。風尚沒有道德那麼強大的威力，當然，它的風行有時候確實能產生維護道德的作用，但有的時候也會產生相反的效果。所以我們說，流行的風尚並不一定是高尚的，在十三世紀的法國，公共浴室裏男女共浴風行，你能說它是高尚的嗎？

時尚這個東西大概從人類社會誕生的那天起就隨之誕生了。其歷史也就是整個人類文明的進化史，浩瀚如海洋。本書中所選取的內容只是從中摘取的一點點閃光的碎片。幸運的是，即使只是這樣一些碎片，也足以窺探時尚發展的脈落。雖然今天的時尚很可能明天就會立刻成為歷史，但其文化內涵才是永恆不變的深刻價值。

目錄 Contents

ents

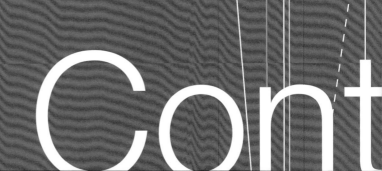

當LADY GAGA頭戴著像千手觀音一樣的放射狀假髮出現在國際電子博覽會時，全世界都驚呆了。當粉絲們瘋狂地爭相膜拜頭戴假髮的時尚教母時，或許她的心情和路易十四看到臣民效仿他戴假髮時的心情是一樣的，征服者的虛榮心再次得到了滿足：「我征服了世界，就用這一撮毛。」

假髮┃虛榮叢生 文／關飛

1751年冬天，好運與霉運先後降臨到了法國思想家讓·雅克·盧梭（Jean-Jacques Rousseau）的身上，他先是得到了一份體面的工作，後來卻大病了一場。人只有在生死之交方才能領悟生命的真諦，大病初愈的盧梭於是痛下決心，改變自己的生活方式。他扔掉了佩劍、金邊華服、白色長襪，甚至賣了手錶，連工作也放棄了，「我只保留了短假髮和粗毛線衣」。為什麼保留了假髮？難道思想家盧梭也是個虛榮之人嗎？這恐怕要從時代風氣說起。

氾濫期：貶值的虛榮

假髮在古埃及時就有，但是把它抬上歷史舞臺的卻是皇權。在古希臘和古羅馬，頭髮是身份的象

讓–雅克·盧梭（Jean-Jacques Rousseau，1712年6月28日~1778年7月2日）是瑞士裔的法國思想家、哲學家、浪漫主義作家、政治理論家和作曲家。他的政治哲學思想，深刻影響了法國大革命與現代政治、哲學和教育思想。

美國獨立期間，婦女梳的一種非常奇特的髮型——頭髮上做出著名的法國拉貝爾伯爵號戰艦的造型。

Cœffure
à l'Indépendance ou le
Triomphe de la liberté

徵，當權者會滿頭髮辮。羅馬人甚至曾經打算讓議會通過「禿子法令」來禁止禿頂男子競選議員，禿頂的奴隸也只能賣個半價。

到了中世紀，國王留著長髮，而將「剃頭」當成了對付仇人或是罪犯的懲罰方式。顯然，法國人並沒丟棄這種傳統，啟蒙運動思想家狄德羅（Denis Diderot）在他編纂的《百科全書》中寫道：「長髮在古代高盧是榮耀和自由的象徵，王朝時期它是皇家血統的象徵，其他人根據等級次序依次剪短。」法王路易十三或許是聽說了這一點，所以在年輕時就故意留長頭髮。可是年紀大了他開始禿頂，於是不得不以假髮來掩蓋，但另一種更生活化的說法是，在當時的法國，頭髮濃密被視為是雄性的象徵。堂堂的波旁王朝

2010年，LADY GAGA在一場演唱會上，她的假髮引人注目。

德尼·狄德羅（Denis Diderot，1713年10月5日~1784年7月31日）是法國啟蒙思想家、唯物主義哲學家、無神論者和作家。他的最大成就是主編《百科全書》（1751年~1772年）。此書概括了十八世紀啟蒙運動的精神。
恩格斯稱讚他是：「為了對真理和正義的熱誠而獻出了整個生命」的人。他也被視為是現代百科全書的奠基者。

Fragments in Vogue History

在十七、十八世紀的歐洲，假髮變成了貴族氣派和特權階層的象徵。

國王當然不願意自己被他人嘲笑，所以戴上了假髮，而且長及臀部，似乎是在顯示：看我的頭髮長度就知道我是多麼具有男子氣概。此後，朝臣競相效仿，並隨後由法庭擴散到了官商紳士圈中。

　　如果國王戴假髮是為了虛榮，路易十三和路易十四時期的法國法官們佩戴假髮，則多半是源於對宮廷風氣的追隨。掌握著生殺予奪大權的法官們，把法律的那種莊嚴和權力意味都統統賦予在假髮的象徵意義上。於是，在十七、十八世紀的歐洲，假髮成了貴族氣派和特權階層的象徵。

　　太陽王路易十四當政的1655年，他一次就雇用了48個假髮師傅為他製造假髮，這位熱愛舞蹈的國王讓假髮在貴族典範之外，又具有了更多的藝術氣質。第二年，法國成立了假髮製造行會。假髮從

此成了全法國的流行時尚，而且歐洲各國的法官也都紛紛戴起了假髮。

　　米拉波侯爵（Honore-Gabriel Mirabeau）卻對假髮的流行並不看好，「巴黎現在滿大街都是爵爺了。星期天，一個穿著黑色絲綢服裝、戴著精緻假髮的男子來看我，搞得我低三下四地讚揚他，結果他說，他是我家鐵匠還是馬鞍匠的兒子！難道假髮是用來隨便戴著在街上跳舞的嗎？」假髮在平民等級人群中的流行，讓貴族身份都難辨真假了，侯爵是不是覺得自己也貶值了？但是相對於普通民眾來說，只需要一頂小小的假髮，就可以讓自己的階級地位看似提升，滿足了大家的虛榮心，何樂而不為呢？

十九世紀九〇年代，倫敦攝政街上的安文＆阿爾伯特的假髮廣告。

頭戴假髮的路易十三。

法國有位寫科幻小說和戲劇見長的作家梅西耶（Charles Messier），頗具諷刺意味地羅列出了最愛戴假髮的幾種人：巴黎郊區的校長們、唱詩班指揮、在法庭上跑腿的、僕人、廚子、廚房打雜的，沒有一個是能跟皇室貴族沾上邊的，都是虛榮心在作祟。這到底是毒舌作家的插科打諢，還是在假髮氾濫時期，巴黎真的虛榮氾濫了呢？假髮師傅的數量可以證明。

在巴黎，1673年只有200名假髮師傅，但到了1771年，假髮師傅就猛增到945個，即使是小城盧昂的假髮師傅，在1680年到1781年的百年間，也從20個暴增到了83個，假髮學徒就更無法計數了。小城盧昂一位叫勒・泰利的假髮師傅鋪子，一年能生產超過100頂假髮，所以全城83個師傅一年可以生產8300頂假髮，再想像一下全法國一年能做多少假髮？所以，十八世紀

奧諾萊・加布里埃爾・米拉波（Honore-Gabriel Mirabeau,1749年~1791年），十八世紀末法國資產階級革命的著名活動家，也是大資本家，與資產階級化貴族利益的代表人物。

二十世紀初，伊莉莎白・舒瓦勒娃伯爵夫人舉行假髮舞會，貴族賓客在享用豐盛的酒宴。

的法國，假髮成了一樁大買賣，於是它也不再是什麼奢侈的物品了。

假髮師傅大鬥法

假髮就像是那個歲月法國人的名片，上面寫著兩個大字：「虛榮」。然而這種虛榮心的滿足也是需要代價的，因為頭頂一團毛的滋味並不好受。但很快就有人為假髮辯護說，戴假髮不但不麻煩，而且省去了每天打理頭髮的工夫，讓生活變得更舒適、便捷。

在路易十四末期，假髮的樣式可以用繁盛來形容，製造那樣一頂假髮至少需要10個人的頭髮。在攝政王時期，短假髮開始流行了。退出巴黎上流社會投奔鄉野生活的盧梭最後留下的，就是這種短假髮。

假髮雖美，但在生活或戰場中衝殺的人畢竟不比悠閒的王室貴族，假髮在民間流行，其實用性也很重要。在狄德羅筆下，路易十四時期的長假髮「長得有些荒謬」，於是出現了一種後面紮起來的「袋裝假髮」。

其實最先將假髮紮起來的人是士兵，因為濃密的飄飄長髮實在

查爾斯・梅西耶（Charles Messier，1730年6月26日~1817年4月12日）是法國的天文學家。他的成就是將星雲，星團和星系編上號碼，並製作了著名的「梅西耶星團星雲列表」。同時，他也是知名的小說家和劇作家。

是頂盔貫甲的士兵最討厭的東西，所以有很多士兵將真髮蓄長來冒充假髮（卻還是無法放棄假髮）。這種「袋裝假髮」最早是用於旅行或是雨天的（旅行和雨天還是要戴假髮！），但因為它實在是方便得多，所以備受一般人的歡迎。而此時，是否能做出更輕便的假髮，成了假髮師傅們能否脫穎而出的法寶。

一個名叫努豪斯的假髮師傅做出了用鬆緊皮帶紮住的假髮，他的廣告詞這樣寫道：「皮帶柔軟如天鵝絨一般，可以使假髮隨頭自由移動」，這也就是說，之前戴著長假髮的那些人，恐怕連晃頭都很成問題。還有人發明了把假髮粘在頭皮上的藥膏。可是，颱風下雨的天氣該怎麼辦呢？

一位師傅發明了「運動式假髮」，可使它在風雨交加中仍然能夠保持髮型，廣告詞中特意這麼說明：「本假髮適合獵戶、騎手、旅行者、信使、水手，還有所有願意在糟糕天氣時戴假髮的人們。」

1715年，愛好跳舞的法國國王路易十四駕崩了。隨著這個樂舞之王的人生落幕，長假髮逐漸退出了歷史舞臺，短假髮開始蔚然成風。之後的法國國王路易十五因為出水痘而掉光了頭髮，由於他偏愛白色的短假髮，於是，少數人的虛榮感，又再一次變成了多數人的時尚。

山謬・佩皮斯（Samuel Pepys，1633-1703年），英國的日記作家。服務於英國海軍，地位顯赫，堪稱海軍事務的權威人物，但為他帶來名氣的，卻是他年輕時代所記錄的完整日記。他忠實地記錄了自己的所見所聞和所感，個人的功績和家庭瑣事，還有宮廷中的閒言閒語。這本日記展現了英國政治、倫敦坊間和上流社會的全貌，為歷史學家提供了大量寶貴資料。

假髮中的陰謀

　　然而，虛榮與死亡的威脅，哪個更重要呢？黑死病曾讓假髮改變了樣式。

　　英國作家山謬・佩皮斯（Samuel Pepys）就寫下了他在1665年某天被理髮師剃去頭髮後第一次戴假髮的事情。當年黑死病爆發，他感到戴假髮很不舒服：「1665年9月3日：起床後穿上我的絲質西裝，很好，還有買了好一陣子但不敢戴的假髮，因為我是在爆發著瘟疫的西敏寺買的。瘟疫之後，人們怕假髮是用從死於疫症的人頭上取來的頭髮製造的，怕被傳染，就沒人敢買假髮了。」

　　事實上，就像歷史中幾乎所有的陰謀論和懷疑最終都會成真一樣，佩皮斯的擔心也並非是多餘的。長假髮的大流行導致假髮原料——真髮的短缺，有些假髮師傅就開始圖謀不軌了。1665年至1666年正是瘟疫大爆發的年代，不可計數的病死者的頭髮被製成了假髮。這在一定程度上打擊了人們對於長假髮的癡迷，人們害怕被傳染，也導致長假髮沒落而短假髮流行的一個重要因素。

　　佩皮斯又於1667年3月27日寫下：「我要去斯旺找我認識很久的假髮師傅傑瓦斯，他給我一頂假髮，上面卻滿布虱卵，我要送回去讓他弄乾淨！」

　　當然，並不是所有人戴假髮都是為了虛榮心，或許還有某種陰謀潛藏其中。英國女王伊莉莎白一世以喜歡戴紅色假髮而聞名，但這一頭紅髮裏卻充滿了種種玄機。起初的說法是，她在40歲時就因為脫髮

而成了禿子，不得不以紅色假髮來遮醜，這種說法的依據是，紅色的假髮會以其特別的顏色引開人們對頭髮真假的注意力。但2009年，英國歷史學家特拉西·波曼在他的書中為伊莉莎白一世「平反昭雪」，他認為她那不是假髮，而是真髮，因為她本就是一個生著滿頭紅髮的男人！而真正的「伊莉莎白一世」降生不久便夭折了，其母親為了保住自己在宮廷中的地位，就用一個紅髮男嬰冒充死掉的女孩，伊莉莎白一世一直都是以男扮女裝的方式出現！因為伊莉莎白一世確實身體健壯、精力充沛，有著很多男性化的特徵，這種說法也得到了一些人的支持。

　　頭髮或許是假的，但野心與欲望卻是真的。

紅髮的伊莉莎白一世肖像。

頭頂的政治符號

如果你以為只有捏腔拿調的法國人才愛慕虛榮喜歡戴假髮，那你就錯了，看看新世界的代表──美國人的假髮吧。

在仍處於開發中的北美大陸，假髮還是個稀罕的物品。當法國的鄉紳都可以戴著假髮神采奕奕、招搖過街之時，北美大陸只有少數的上流社會人士才會佩戴假髮，比如美國獨立運動領袖班傑明‧佛蘭克林和美國國父喬治‧華盛頓。在假髮時尚方面，他們還是以法國的流行為風向標。

而1776年，當富蘭克林到達法國之後，就立刻丟掉了傳統樣式的假髮，而改戴貂皮小帽，因為那一年，美國獨立了。而假髮成了一種政治符號。

在美國建國之前的十年左右，北美大陸曾掀起過拒絕戴假髮的風潮。這也許和當時的獨立運動有關，他們想與歐洲大陸的一些老舊勢力和習慣劃清界限。

而最終摧毀假髮習俗的，是革命。法國大革命之後，假髮的功能有點像中國辛亥革命之後的辮子，是否保留假髮，是保皇與否的一張大名片。所以我們看到的拿破崙是個平頭小個子，而正是這個平頭小個子，讓法國的疆界和影響力達到了歷史之最。頭髮長度和雄心壯志是不是會成反比呢？大抵因為太多虛榮，就會太少作為吧。

遠離虛榮，貼身性感

如今，已經絕少有人會因為想要顯示自己的男性能力，而戴上拖把一樣的長假髮了。脫髮、禿頂等隱疾也有了物理療法；要麼乾脆像葛優一樣自我美化，標榜：「漂亮的馬路不長草，聰明的腦袋不長毛」。假髮已不再是虛榮的象徵，卻成了年輕性感尤物的配件。當娜塔麗·波特曼在電影《偷心》中戴著粉色的假髮出現在脫衣舞女郎俱樂部時，假髮就借著電影的大眾傳播影響力，蛻變成了性感女孩的時尚玩具。或者是當動漫迷們在COSPLAY中戴著假髮扛著戰刀出現在你面前時，假髮已不再是虛榮叢生的標誌，它只是在告訴你說，戴假髮的人，很想變成另一個自己。但是LADY GAGA戴著像孔雀開屏一樣的假髮絕不是想變成另一個自己，她是想把所有人都變成她自己。

　　當粉絲們瘋狂地膜拜頭戴假髮的時尚教母時，或許她的心情和路易十四一樣，在心中吶喊著：「我征服了全世界，就用這一撮毛」。

　　對於女士們來說，1906年是非常重要的一年，因為這一年誕生了來自德國黑森地區托特瑙市的卡爾‧內斯勒（Karl Nessler，1872~1951年）和他的燙髮機。1906年10月8日，在英國倫敦牛津大街的一個髮藝沙龍裏，內斯勒首次公開展示了他的新發明——第一台燙髮機。這種利用電熱燙髮的器材，體積龐大無比，燙髮者必須頭頂著一打以上、重達兩磅的黃銅製的燙髮夾，在椅子上枯坐六個小時以上，耗時費錢，才能擁有一頭美麗的捲髮。但是仕女名

捲髮 | 燙髮之父與他的燙髮機

文／關飛

媛們仍然為之趨之若鶩。人們尊稱內斯勒為「燙髮之父」，而巴黎的女人們為了獲得一頭內斯勒親手燙的捲髮，可是不惜任何代價的。

　　據說，埃及是世界上最早發明燙髮的國度。那時，婦女把頭髮捲在木棒上，塗上含有大量硼砂的鹼性泥，在日光下曬乾，然後把泥洗掉，頭髮便會出現美麗的渦卷狀。古埃及人用烙鐵來使頭髮和鬍鬚變得捲曲，希臘人則用鐵和土色布的髮捲來弄捲頭髮；而

羅馬的有錢人則使用中間插入熱棍子的空筒來捲頭髮……不一而足，堪稱是「燙髮」最早的起源。

在內斯勒的發明問世之前，人們已經能夠利用捲髮技術來製做假髮，但因為假髮使用的化學藥品具有很大的腐蝕性，女士們脆弱的頭髮和皮膚根本無法承受。自1896年以來，內斯勒一直在思索如何做出漂亮的捲髮。他發明的螺旋加熱法，將顧客的頭髮捲在棍子的螺紋上，塗上氫氧化鈉之類的鹼性糊膏，再置於有鉗子般手柄的熱氣鐵管內，用電流加熱到100℃或以上，直到熱氣薰蒸好頭髮為止。內斯勒用鉤子把強鹼糊膏和電熱棒鉤在一個樹形裝飾燈上來保證正常通電，也使得高溫金屬棒不會接觸到頭皮，從而避免了燙傷。

然而，這個發明的首個試驗者——他的妻子凱薩琳娜·萊博爾，就沒有這麼幸運了。在試驗的過程中，內斯勒兩次燒焦妻子的頭髮，並燒傷她的頭皮。但不久，內斯勒就完善了燙髮的新方法，他的燙髮機於1909年在倫敦獲得專利，隨後被廣泛地運用，從此開啟了一場席捲全世界的時尚浪潮。

卡爾·內斯勒出生於德國黑森林地區，1901年遷居英國倫敦。在第一次世界大戰期間，由於他的德國人身份被判入獄，所有資本均被沒收。1915年11月，他用假名坐輪船逃到美國紐約。在那裏，他

燙髮機的誕生開啟了一場時尚浪潮。

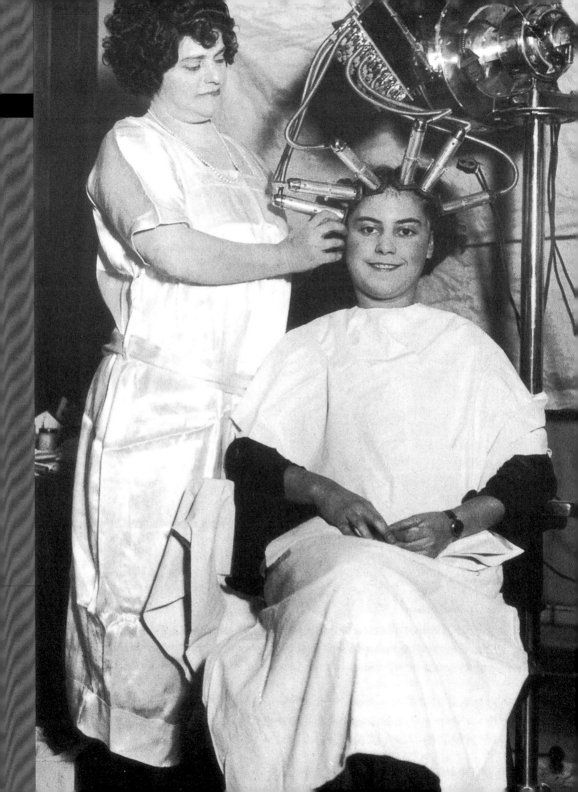

發現街上有數百個他的燙髮機的複製品，但絕大部分都沒有得到很好地使用，也不安全。於是內斯勒在紐約東49街開了一間店鋪，很快地把他的美髮沙龍開到了芝加哥、底特律、棕櫚灘、佛羅里達和費城。內斯勒還發明了一種售價僅15美元，可供家庭使用的燙髮機。

然而對內斯勒來說，他的故事並沒有捲髮那樣曲折。儘管他將發明帶到了美國，建立了自己的商業鏈，但在1929年那場著名的經濟大衰退中，他的絕大部分積蓄消耗殆盡。同一年，他的房子毀於一場大火。第一次世界大戰後，短髮成為時尚，內斯

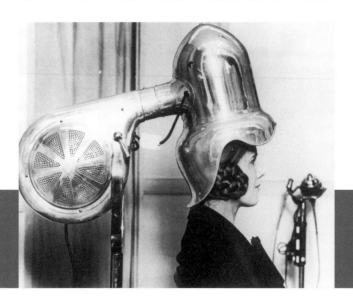

出現在二十世紀二〇年代髮廊裏的吹風機。

勒的燙髮方式並不適合短髮。女士們紛紛模仿美國演員路易士‧布魯克，渴望擁有一頭順滑的短髮。直到1951年1月22日，78歲高齡的卡爾‧內斯勒去世時，時尚界還是短髮的天下，家庭主婦們依然把自己的頭髮打理得乖巧有致。

　　燙髮何時傳入中國已經難以考證。辛亥革命以後，青年女性開始時興剪短髮，到了二十世紀三〇年代，40歲左右的已婚婦女大多剪短髮，只有50歲以上的家庭婦女仍梳盤頭。二十世紀四〇年代，燙髮在中國民間迅速普及。到了二十世紀六〇年代「文化大革命」以後，燙髮幾乎在中國絕了跡。直到二十世紀八〇年代以後，燙髮的風潮才再次在中國興起。

　　二十世紀六〇年代之後，燙髮才隨著嬉皮士的興起重新回到世界時尚舞臺的中心，在八〇年代，甚至出現了燙髮狂潮，那是燙髮最鼎盛的時代。但無論燙髮方式如何改進，燙髮技術仍然無法完全解決最初的問題：在燙髮過程中，由於各種因素的作用，人們的髮質會受到嚴重損害。儘管越來越多的人呼籲人們減少或不要燙髮，但「燙髮之父」將永遠不會被忘記。為了讓後人記住這位時尚先驅，托特瑙市在內斯勒發明燙髮技術一百年的時候，建立一座博物館來紀念他的成就──博物館的外形看上去就像一座美髮沙龍，這個博物館裏存放有內斯勒最初發明燙髮機的製圖文獻和早期的燙髮造型圖，還有一台早期的內斯勒燙髮機，在托特瑙市，他依然是深受當地人尊重的時尚英雄。

口罩在我們與世界之間築起一道隔離牆，帶給我們安全感，同時也在散佈一種恐懼的氣氛。回溯口罩的歷史，也等於是在回顧醫學衛生發展的歷史，換言之，是人類對抗疾病的歷史與消解恐懼的醫病史。

中國古代的發明？

　　古代的口罩看起來沒什麼技術可言，臉上綁塊布片就成了。日本忍者的面罩看上去還更精緻一些，也包得更嚴實。他們的目的與衛生無關，但跟當今的明星隱身術有得一比：讓人認不出來。

口罩｜安全與恐懼併存的矛盾體

文／Yami

　　而一些古人臉上遮塊布的目的就高尚得多了。歷史記載最早的「類口罩物」出現在西元前六世紀，古代波斯人的拜火教認為俗人的氣息是不潔的，因此，在進行宗教儀式時，要用布包住臉。而波斯教古墓墓門上的浮雕中，祭師就帶著「口罩」。

　　還有一種職業的人也在臉上圍塊布，多少跟衛生有點關係：食品衛生。據馬可波羅的記載，「在元朝宮殿裏，獻食的人，皆用絹布蒙口鼻，俾其氣息，不觸

巴斯德在實驗室工作的場景。

飲食之物。」有人考證說那塊布是用蠶絲與黃金線織成的。

馬可波羅隨手記載這麼一筆，無非是個閑聞逸趣。但是就有人認定這是中國人發明口罩的實證，後來世上有口罩一物，與中國元代怕口氣重的太監污染食物的皇帝有莫大關係。中國這項偉大的發明，就讓馬可波羅轉了道手，讓歐洲的人學了去。

在歐洲，早年醫療產業被巫師所把持，真正的醫生勢單力薄。瘟疫盛行時，醫生四處奔走救治病人，控制疫情，巫婆神棍們覺得醫生搶了自己的飯碗，於是不斷地對他們進行騷擾追打。醫生只好用紗布遮住面目，讓巫師認不出來，以防遭到他們的報復。

根本在於發現了細菌

1861年，巴斯德（Louis Pasteur）用他那有名的鵝頸瓶所做的實驗，有力地證明了空氣中有細菌存在。他還根據自己對發酵作用的研

究，指出空氣中存在許多種細菌，它們的生命活動能引起有機物的發酵，產生各種有用的產物，有的產物還可以引起另外的細菌後繼發酵，產生其他產物。

空氣中也存在著人和動物的病原菌，能引起各種疾病。為了排除雜菌，巴斯德於1866年創造了巴氏消毒法。1877年，英國化學家廷德爾建立了間歇滅菌法或稱廷氏滅菌法。1876年創立了無菌外科。同年，德國人科赫分離出了炭疽菌，提出有名的科赫法則。為了弄清楚霍亂弧菌與形態上無法區別的其他弧菌的不同，科赫進行了生理和生物化學方面的研究，使醫學細菌學得到率先發展。

在口罩應用於醫學之前，無菌外科的規範雖然已包括用石碳酸消毒手術器械，外科醫生得穿上手術衣，戴手術帽和橡膠手套等等措施；但並沒有使用口罩進行個人衛生的防護，醫生手術時常把自己口鼻腔中的細菌傳染給患者，從而引起傷口感染。

又一位應該被記住卻沒有被廣為人知的英雄醫生出現了。1895年，德國病理學專家萊德奇發現，通過空氣傳播的病菌會使傷口感染，從而認為人們講話的帶菌唾液也會導致傷口惡化。於是，他建議醫生和護士在手術時，戴上一種用紗布製作、能掩住口鼻的罩具。此舉果然有效，病人傷口感染率大為減少。從

路易‧巴斯德（Louis Pasteur，1822年12月27日~1895年9月28日），法國微生物學家與化學家，微生物學的創始人之一。他倡導疾病細菌學說（菌原論），和發明預防接種的方法而聞名，他也是第一個創造狂犬病和炭疽疫苗的科學家，被視為細菌學之父，也被世人稱頌為是「進入科學王國最完美無缺的人物」。

流感肆虐期間，戴著口罩的美國郵差。

此，各國醫生紛紛採納萊德奇的建議。於是，口罩便在歐洲醫學界逐漸流行和推廣開來。

　　萊德奇推廣的口罩，只不過是一層包裹在外科醫生嘴巴、鼻子和鬍子上的紗布，它包紮得既緊又不舒服。1897年，英國的一位外科醫生，便動腦筋在紗布內裝了一個細鐵絲的支架，使紗布與口鼻間留有間隙，從而克服了呼吸不暢、容易被唾液弄濕等缺點。1899年，一位法國醫生做了一種六層紗布的口罩，縫在手術衣的衣領上，要使用時只要將衣領翻上去就行了。後來改成可以自由繫結的辦法，用一個環形帶子掛在耳朵上。現代口罩就這麼誕生了。

西班牙流感

　　口罩從醫院走出來，變成公眾常備用品，是伴隨著史上最可怕的傳染病「西班牙流感」而來的。

　　1918年3月11日午餐前，美國堪薩斯州的芬斯頓軍營的一位士兵出現發燒、喉嚨痛和頭疼等症狀，就去部隊的醫院看病，醫生認

為他患了普通的感冒。然而，接下來的情況出人意料：到了中午，100多名士兵都出現了相似的症狀。幾天之後，這個軍營裏已經有了500名以上的「感冒」病人。隨後，流感傳到了西班牙，總共造成800萬西班牙人死亡，這次流感也就因此得名。

從1918年三月到1919年底，全世界大約20%的人感染了「西班牙流感」。全世界死亡人數約為2500萬到4000萬之間（也有研究數字顯示，當時因為流感而死亡的人數約為一億），比第一次世界大戰的死亡人數還多。這次流感也成為第一次世界大戰提早結束的原因之一，因為各國都已經沒有額外的兵力可供作戰了。

在西班牙流感期間，所有人都被強制要戴上口罩。

　　疫病蔓延期間，人們被強制性要求戴上口罩，特別是紅十字會和其他醫護人員。從當年的老照片上可以看到，口罩已經成為疫病出現時的象徵性影像。一位乘客就曾因為沒有戴口罩而被電車售票員拒絕上車。在那段時間裏沒人拿這東西開玩笑，都老老實實往臉上捂紗布，到處是白花花的一片。

SARS之疫與「口罩文化」

　　時光飛速流逝，街市又一次不再太平。這次口罩的登場已然帶著別樣的色彩。

　　2003年，相信所有人都會永遠記得SARS期間的氛圍。曾經人潮洶湧的街道一時冷清得讓人覺得不可思議，偶爾幾個行人經過，臉上也都罩著口罩，只露出兩隻眼睛。原來只賣二、三塊錢一個的紗布口罩，到了論「層」而賣的地步，最昂貴的所謂「高科技口罩」已達每個近百元的天價。口罩的供不應求甚至波及到太平洋彼岸，美國紐澤西州不少華裔同胞相繼訂購口罩寄送給位在災區的中國親友，導致該州不少地方口罩缺貨。

　　但被恐嚇得差不多了，人的逆反心理又開始作怪起來。北京一對老夫婦上街，老先生的口罩上寫著「一夫當關」，老太太的口罩上則寫著「萬夫莫開」，甚至王府井商業區街頭的雕像，也被北京人戴上了口罩。帶有各種活潑的卡通圖案的五彩口罩。口罩上「Kiss Me」、「我不怕」、「眾志成城」的字樣層出不窮的出現。甚至在時裝之都巴黎和米蘭的時裝伸展台上，都出現了好幾個系

列的口罩時裝秀。媒體也不停放大口罩上的樂觀情緒，各種口罩秀被拼合成大圖出現在報章雜誌上。

　　2003年五月下旬，一批「藝術口罩」在網路上拍賣，在網民中產生熱烈迴響，最高出價甚至超過了400元人民幣。

　　口罩帶來的肅殺之氣被輕鬆搞怪的圖案漸漸消融掉了。口罩的藝術化已經讓它的原本功能，和在之後延伸的裝飾作用之間的界限，開始變得模糊甚至相互融合，讓它的停留場所從戶外漸漸地轉移到室內。

口罩文化的另一面：反親密的道具

　　但不論怎麼搞笑，口罩仍然是戒備和防範的工具和象徵。中國古代閨閣中的小姐常做的動作就是

兩個小女孩的口罩塗鴉。

用手帕掩口，在外人面前遮住自己的牙齒和表情。從這個意義上說，手帕的移除和贈與，象徵著去除兩人之間的障壁，建立雙方的親密關係。例如在《紅樓夢》中就有一回是「癡女兒遺帕惹相思」，丫頭小紅把手中的手帕故意丟給賈芸，私傳信物。而黛玉也將幾塊用過的舊手帕送給寶玉當做紀念。

日本也有類似的文化，相傳幾百年前一位日本武士的美麗妻子，由於對丈夫不忠，被嫉妒的丈夫將嘴巴撕裂直到耳根，使其美貌盡毀。還有一個現代版本的口裂女，整容手術失敗因嘴巴咧開而羞憤自盡，淪為怨鬼，這位「口裂女」的鬼魂會在多霧的夜晚，帶著口罩出現。

而「口裂女」形象的有趣之處，在於把口罩文化和靈異文化十分自然地結合了起來。這些故事也很明顯地暗示出口罩是人和人之間的心理和物理藩籬。

回溯歷史，口罩讓我們身處喧囂人間又彷彿遺世獨立，在我們與世界之間築起一道隔離牆，帶給我們安全感的同時，也在散佈一種恐懼的氣氛。口罩的歷史，是醫學衛生發展的歷史，也是人類對抗疾病的歷史與消解恐懼的歷史。

習慣西裝筆挺、領帶緊紮的朋友們，一定要慎重選擇去德國旅行的時間，如果一不小心碰上了那裏的女士狂歡節，你心愛的領帶可能會「小命不保」。

每年年初，德國一些城市（尤其是杜塞爾多夫、科隆和麥茨）將舉行一年一度的「女人狂歡夜」。這一天，女人會集體放下家務，約閨中密友一起上街嬉戲。最讓人匪夷所思的是，她們經常會拿男人的領帶開刀。「女人狂歡夜」的最高潮，就

領帶｜從鐵血戰士到紈绔子弟

文／劉昕

是當場剪掉男士們的領帶。手持剪刀的女士欣喜若狂，通常還會把戰利品帶回家好好欣賞，而那些紮著半截領帶的男士們，只有搖頭苦笑的份兒。

仔細想想，「女士狂歡夜」毫無疑問是女性主體意識覺醒的表現。而剪掉在大眾看來象徵刻板、守舊的男士領帶，則象徵著她們向傳統社會秩序發起的挑戰。作為「體制內」男性的代表，一根小小的領帶是他們最顯眼的身份證明，這也難怪女士們會群起而攻之。但是，要是她們知道了僅僅在兩百年前，領帶還是為了取悅女性而存在的服飾配件，

那些伸向領帶的剪刀，會不會手下留情呢？

區分階層的重要標誌

　　今天走進時裝賣場挑選領帶的人，絕對不會買錯，因為他們心目中領帶應有的樣式再確定不過。可是如果我們向歷史深處探索，會發現領帶的樣子曾經變幻莫測，如果僅僅定義為簡單的「頸部條狀紡織裝飾物」，時尚史學家們一定會為「領帶到底存在了多長時間」爭論得面紅耳赤。從四百年到四千年，似乎都有史可考，但要是把它們一起放在現代人面前，卻又肯定會遭到集體質疑：這些東西真的是領帶嗎？

　　最早的頸部條狀紡織裝飾物，出現在古代埃及。和現在的領帶相比，稱其為「短披肩」似乎更合適。從現在殘存的壁畫上，我們能看到埃及人用一塊長方形的布料圍裹在脖子上，並且環繞整個肩部。雖然樣子和現代的領帶大相徑庭，但功能卻有相似之處：現代的男士領帶多出現在正式場合，象徵著一種社交禮儀，而古埃及的領帶，則體現著佩戴者的階層和社會地位，平民不能戴領帶，唯有貴族才有資格穿戴。

　　歷經幾千年的變化，如今領帶的形狀已經找不到和古埃及的相似之處了，但作為一種身份或階層的象徵，似乎被現代人完整地繼承了下來。美國文化批評家保羅‧福塞爾（Paul Fussell）在其著作《格調》中，將領帶視為「區分中產階級和平民階層的重要標記」。甚至不少正規社交聚會的請柬上，都會提醒受邀人必須「打

領帶」，以示對主人和其他賓客的尊重。一般人都會認為，領帶是一個純西方式的服飾配件，但細心的人們會發現，在中國歷史中也能找到它的蛛絲馬跡。在中國出土的秦代兵馬俑上，我們能清楚地看到包裹著戰士喉部的條狀紡織品。而在漢朝建立了政權之後，這種戰士用的領帶就退出了歷史舞臺。雖然文獻記載中也有「領帶」的字樣，如《宋史·五行志》裏有「北海縣蠶自織成絹，成領帶」的句子，但這裏的「領帶」指的是古代衣領上的飾邊，而不是單獨的服飾配件。領帶的再次回歸，已經是兩千年後的事情了。

為什麼古代秦國戰士們會用領帶裝飾喉部？有

即使在現代，領帶也是莊嚴與肅穆的象徵。

的看法認為是出於防護的目的：「確保頸部的溫暖和抵擋些許戰鬥時候造成的傷害。這個看法似乎能在羅馬軍隊身上找到更多印證。從西元前一世紀左右的繪畫上，我們看到有的古羅馬兵士的喉部也佩戴著像領帶的裝飾物。不過這種配飾並沒有成為古羅馬制式軍服的一部分，因為根據當時嚴格的服飾穿著規定，人們的頸部應該沒有束縛，所以這種領帶的出現更有可能是部分羅馬士兵的靈光乍現，或者借鑒其他民族服裝的結果。

和不少能夠輕鬆找到出處的服裝不同，領帶一直陪伴著人類走過遠古時期，卻沒有留下太多資料和古文物。也許因為定義難以統一，讓追溯領帶變遷的時間線，變成一種充滿不確定性的工作。如今，掌握著社會權力和地位的人，每天都要面對領帶，依靠它來表徵自己的身份與地位，但領帶先祖的容貌，只能屈尊隱藏在歷史的迷霧之後，任憑大眾去猜想了。

大踏步走進主流時尚

雖然我們已經很難確定領帶的遠祖，但它的直系親屬，在時尚史基本已形成了共識，那就是：領巾。

說起領巾的來歷，必須要提到一件改變了歐洲歷史進程的大事——爆發於1618年至1648年的歐洲大混戰，史稱「三十年戰爭」。這場由神聖羅馬帝國內戰演變成全歐參與的大規模國際戰爭，為歐洲歷史留下了一個又一個巨大的影響：作為主戰場的德意志因此分裂；神聖羅馬帝國則名存實亡；西班牙為此國力衰落；而法國開始了稱霸歐

秦朝兵馬俑的脖子上清晰可見的領巾。

洲之路；北方的瑞典取得了波羅的海的霸權；荷蘭和瑞士徹底獨立。戰爭中的諸國開始實行徵兵制，並建立了常備軍與後勤系統，戰後各國相繼頒佈了不得侵犯個人財產的條令。戰爭雙方——哈布斯堡王朝和反哈布斯堡聯盟——簽訂的《威斯特伐利亞和約》，創立了以國際會議解決國際爭端的先例。

　　不過，坐在談判桌兩邊的歐洲王者，恐怕誰也沒想到他們的大打出手將會改變整個歐洲的時尚面貌。在「三十年戰爭」之前，甚至在中世紀時期，歐洲貴族們的頸部裝飾用的是蕾絲環狀領飾。這種華麗的配件，製作一個就要用掉長達十五米的蕾絲飾帶，哪怕對貴族而言，也是一件奢侈的裝飾品。為龐大的戰爭開銷所累，當時歐洲各國都在拼命縮減開支以籌措軍費，昂貴的蕾絲環狀領飾自然成為不合時宜的物件，有的國家甚至頒佈嚴格法令，規定只有在類似出席葬禮這樣的隆重場合，男士才被允許穿著環狀領飾。

　　雖然有現實條件的壓制，但愛美的男士們依然找到了轉圜的辦法。作為軍服的一部分，克羅地亞士兵們的領巾引起了歐洲時尚界的關注。當時法國雇傭的克羅地亞士兵，在頸部裝飾著打結的細領巾，這種由中世紀流傳下來的風俗，也是他們在戰場上辨認同伴的方法之一。於是這種特殊的服飾被命名為「領巾」

BOX

保羅．福塞爾（Paul Fussell，1924年3月22日~2012年5月23日），美國賓夕法尼亞大學的文學教授，曾任教於德國海德堡大學、美國康涅迪格學院和拉特格斯大學。其關於二戰時期美國社會文化的專著曾獲1976年美國國家圖書獎。他是英美文化批評方面的專家，擅長對人的日常生活進行研究觀察，視角敏銳，語言辛辣尖刻，又不失幽默和善意。著有《格調》、《惡俗》。

在三十年戰爭爆發之前，無論是男士或女士們，都熱愛穿戴這種昂貴的蕾絲環狀領飾。據說傭人要整理好這樣一個蕾絲領飾，需要花費至少八個小時以上，若非王公貴族的確穿不起這種昂貴的服飾。

（cravat），詞源就是法語中的「克羅地亞人」。領巾已經有了和今天的領帶類似的形狀與繫法，被認為是現代領帶的前身。

　　發現了新飾品的歐洲人十分欣喜，領巾不僅在士兵階層中廣為流傳，甚至贏得了皇室的矚目。此時適逢西班牙、奧地利等天主教國家頒佈了禁止使用蕾絲環狀領飾的法令，簡單大方又富有裝飾效果的領巾，正好填補了蕾絲領飾退場之後遺留下來的空白。同時，襯衫領開始在歐洲流行起來，因為領巾和它搭配得十分完美，這又為「領巾熱潮」添加了一把火。但真正讓領巾走進主流時尚圈的是法王路易十四，他可說是一位有名的領巾愛好者。從珍藏在凡爾賽宮裏，亨利‧泰斯特林創作的路易十四肖像上，我們就能體會到「太陽王」對小小的領巾是多麼喜愛。他所有的領巾都是精選當時最昂貴的布料製作的，並出自巴黎最有名的設計師作坊。

　　不但如此，太陽王還專門設置了「領巾侍者」部門，每天的工

作就是為路易十四奉上幾款華麗的領巾，以方便國王挑選。因為國王的個人愛好，領巾不再是簡單的裝飾或者蕾絲領飾的代用品，開始慢慢成為貴族階層中必需的服裝配件。

1667年，由克羅地亞士兵組成的雇傭軍團「皇家克羅地亞軍團」正式成立，軍團中的戰士統一佩戴亞麻、棉布和蕾絲飾帶製成的領巾，當時歐洲的軍隊中，這樣的軍服非同尋常，極容易引起關注。在嗜好戰爭的路易十四的指揮下，「皇家克羅地亞軍團」的足跡幾乎踏遍了歐洲，也讓越來越多人認識了「領巾」這個新潮的裝飾品。各國的王室和貴族也紛紛開始採購，例如：英王查理二世每年都要斥鉅資從威尼斯進口高檔蕾絲材料，用來製作他專屬的領巾。

「時尚總是跟隨著權力與財富的腳步而來」，領巾在歐洲流行的過程，是這句評語的最佳注解。

從身份到個性，現代領帶誕生

從法國大革命到二十世紀初，時尚史面臨著一段守舊與創新、改造與毀滅交織的動盪歲月，領帶也不例外。大革命讓法國皇室對時尚潮流的影響力跌至谷底，與此同時，海峽對岸的英國擔負起了為歐洲上層社會改造衣櫥的責任。但這次引領潮流的不是英國國王，而是一個帶有傳奇色彩的紈絝子弟

路易十四是一位有名的領巾愛好者。

——博‧布魯梅爾（Beau Brummel，1778年6月7日~1840年3月30日）。

博‧布魯梅爾，原名喬治‧布萊恩‧布魯梅爾，是歷史上最有名的花花公子之一，同時也被公認為英國男士時尚潮流的開拓者。他一生追求錦衣玉食，並對穿衣之道有著自己獨到的見解和心得。博‧布魯梅爾的服飾風格甚至影響了當時的威爾士王子——也就是後來的英王喬治四世，兩人一度成為親密無間的夥伴。

博‧布魯梅爾的出現，標誌著「紈絝風」儼然成為英國乃至整個歐洲男士們著裝的主流。這種風格，用縫製精良的外套和馬褲來凸顯穿著者的男性體態。與上個世紀流行的過分纖巧精緻的貴族風格相比，紈絝風所引領的是一種更具現代意味的男性著裝風格，主張以簡樸而單純的外觀、黑白色系為主要的視覺焦點。不過，簡樸單純並不意味著博‧布魯梅爾是個不修邊幅的邋遢漢，恰恰相反，布魯梅爾將更多的注意放在服裝與配飾的協調上，而不是沉溺於布料的華貴或飾品的繁複上。用時尚史專家芬克爾斯坦的話說：「布魯梅爾的身份完全是由衣服上那些裝飾品創造出來的。」博‧布魯梅爾對領帶設計與搭配那異乎尋常的熱情，早就被各種回憶錄和花邊文學描寫得淋漓盡致。他每天會花上好幾個小時在化妝室

花花公子《博‧布魯梅爾肖像》水彩畫由理查德‧戴頓所繪製（1805年）。

隨著女性著裝男性化，領帶也成為女子服裝的一部分。圖為二十世紀四〇年代，美國的安德魯斯姐妹，她們是美國上個世紀三〇、四〇年代最受歡迎的女聲組合。

裏打扮自己，以確保自己的領帶結打得無可挑剔。同時，他還是領帶潮流的革命者。1820年喬治四世加冕之後，他向英王推薦了全新的黑領帶。當時白色領帶是絕對的主流，不少人覺得布魯梅爾的設計太過前衛大膽，又不甘心拒絕這種時尚的誘惑，只好偷偷地在口袋裏另外帶著一條白領帶，作為臨時替補之用。

自博·布魯梅爾開始，領帶成為歐洲男士標準的服裝配件，而布魯梅爾和他的領巾也開始成為眾多藝術家謳歌和學習的對象。巴爾扎克（Honoré de Balzac）在《風雅生活論》裏，專門討論了布魯梅爾式的生活風格，發現「風雅生活的核心是一種偉大的思想，它條理清晰、和諧統一，其宗旨是賦予事物以詩意」，布魯梅爾則被他比作風雅生活中的拿破崙。更多人對領帶的興趣超過了對布魯梅爾的崇拜。大詩人拜倫也是個「領帶迷」，甚至因為對領帶繫法的苛刻態度而「威名遠揚」。拿破崙、波特萊爾、王爾德……全歐洲的男人全都拜倒在領帶的魅力之下。

由於領帶在男裝中的地位日益提高，越來越多的設計師和廠商加入到領帶的生產中。其中特別要提到美國的製造商傑西·朗斯多夫，他讓領帶擁有了現今通行的模樣。傑西的方法再簡單不過：沿著布料邊斜裁下三條布料，再將它們用獨特的暗縫法縫製起來。這種縫紉方法能讓領帶在打結的時候不會有線跡暴

奧諾雷·德·巴爾扎克（Honoré de Balzac，1799年5月20日~1850年8月18日），19世紀著名的法國作家，法國現實主義文學成就最高者之一。他創作的《人間喜劇》（Comédie Humaine）共包含了91部小說，寫了超過2400個人物，是人類文學史上罕見的文學豐碑，被稱為法國社會的「百科全書」。

博爾蒂尼在1897年繪的《孟德斯鳩伯爵肖像》，當時穿西裝打領帶儼然成了男士們的公民制服。

露在外，斜裁能保證在多次打結鬆開以及熨燙的時候，讓領帶保有足夠的彈性，不容易損壞。

　　傑西‧朗斯多夫的領帶新樣式一推出，便受到了消費者的追捧，之後在夾層中添加襯裏的技術，更確保了領帶能打出各種挺拔完美的形狀。至此，現代意義上的男士領帶，才終於誕生。

　　在如今的男士服裝中，領帶無疑是最顯眼的身份象徵之一，需不需要佩戴領帶，彷彿是從事的職業是否嚴謹的重要標誌。兩、三百年前的紈絝子弟，那些在波特萊爾筆下「從自己的階級游離出來，悲觀失望，茫然無措，但仍保持著與生俱來的充沛精力」、象徵著「頹廢主義時代最後一抹英雄主義光輝」的男士們，可曾想到他們曾經的「戰旗」──領帶，如今卻成了體制權力的符號與象徵？

若大導演詹姆斯·卡麥隆的電影作品《泰坦尼克號》講述的全部都是真實歷史，那麼女主角蘿絲不但遭遇了人類歷史上最慘痛的一次海難，還會在有生之年目睹一種同樣擁有「旗艦」般地位的服飾從全盛走向衰落的過程。比起前一項經歷，想必她更樂意見證後者，正因為它，讓她在泰坦尼克號上吃盡了苦頭。

緊身胸衣 | 魔鬼曲線的雕刻史

文／劉昕

　　沒錯，這種服裝就是緊身胸衣。就是那個羅斯夫人十分艱難地為女兒穿上後，又緊拉了一把的物件。透過大銀幕，人人都能看到蘿絲的痛苦和無助。但是，請不要認為這是導演為了煽情而刻意設計的橋段，事實上，在《泰坦尼克號》描寫的二十世紀初，正是緊身胸衣最後的輝煌時代。上流社會女性，無不以能把自己裝進狹窄得有些變態的緊身胸衣為榮。

　　這種扭曲的審美觀念甚至讓二十世紀末的女演員們大為頭痛，拍攝電影《泰坦尼克號》時，為求真實，卡麥隆讓很多女演員都套上了緊身胸衣。法蘭西斯·菲希（飾演羅斯夫人）在後期配音時，怎麼也找不到感覺，不得已而穿上緊身胸衣後（導演之前沒讓她受

女人們不得不借助他人的力量，將自己裝進狹窄的緊身胸衣裏。

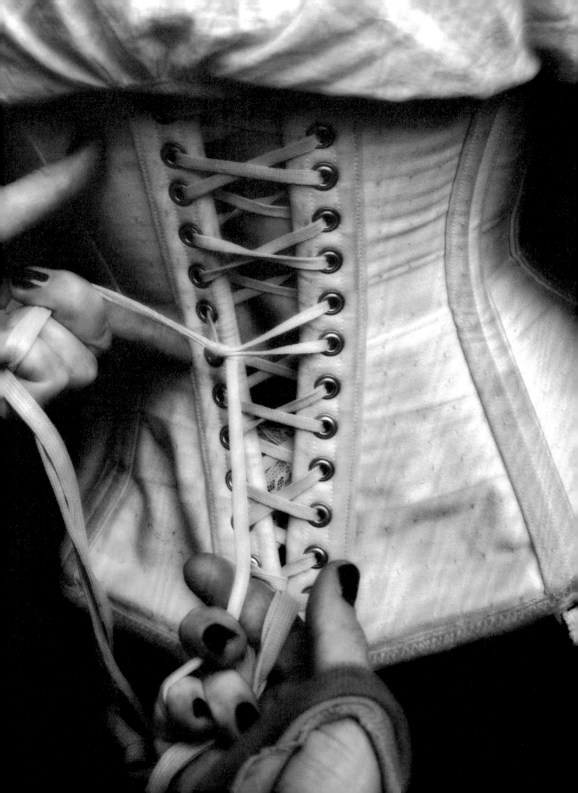

這份洋罪），羅斯夫人傲慢而市儈的嗓音立刻傳了出來。一件衣服給女人最大的改變，也不過如此吧！

崇尚自然的女體

如今大家提起緊身胸衣，似乎是在追溯一種上古時代的傳說。其實不然，看似充滿古典情調的緊身胸衣，比起我們衣櫃裏的其他服飾，並沒有什麼傲人的歷史可追溯。

古代埃及的天氣炎熱，包裹緊密的緊身胸衣也沒什麼出場的機會。而後來的古希臘和古羅馬則崇尚自然，很難開發出這種束縛性的衣物。很多資料顯示古希臘和古羅馬婦女的長袍內經常不著一縷，她們的內衣則像極了如今風靡全球的比基尼，採用

左圖　古羅馬時期的女性服飾，以這種寬鬆的長袍為主。

右圖　現代人一定會發出疑問：穿著如此戰衣的女人，在戰場上是否能喘得過氣來。

抹胸和底褲兩段式設計。

　　接下來的中世紀，被普遍認為是歐洲的文化低潮期，基督教勢力在歐洲大陸日漸龐大。這一時期，歐洲人對文化的需求還沒有像後世那樣如饑似渴，在服飾方面也沒有什麼明顯的發展，主要還是沿用後期羅馬——拜占庭式樣的服裝。男、女服裝款式也繼承了羅馬的風格，並無明顯的區別，都是採用圓筒形狀的長袍，長袖的款式。貴族婦女還會配戴面罩，它不僅是面紗，而且寬大得能包住頭部，甚至覆蓋整個肩部，類似修女們的頭巾。

　　在這裏不能不提到基督教文化對中世紀服裝風格的影響。由於基督教是在和羅馬帝國的對抗中逐漸傳播開來的，所以它極力反對古羅馬帝國的種種流弊，尤其是古羅馬後期的驕奢淫逸。所以，在中世紀初期，歐洲人的衣著簡樸，平民和貴族的服裝式樣也基本相同。而且基督教教義並不追求俗世生活的炫目，並將肉慾視為是一種禁忌。於是，中世紀歐洲居民的服裝（尤其是下階層）普遍以簡潔樸素為美，女性絕少刻意打扮，用長可及地的袍子將自己包裹得密密實實。女性袒胸露乳，故意擺出「S造型」以吸引旁人的目光，在當時是根本無法想像的。然而，看似鐵板一塊的歐洲中世紀，卻被自己的刀劍砍出了缺口。1096年到1291年，為了收復聖地耶路撒冷，歐洲組織了前後長達200年的「十字軍東征」隊伍。如果從戰爭發動的目的來看，十字軍東征可說是徹底失敗。但是它卻改變了整個歐洲歷史的進程。首先，羅馬教廷建立世界教會的企圖完全落空，而且由於十字軍缺乏組織，所到之處經常採取焦土策略，往往造成遍地餓孚、

民生凋敝的景象，這也使得教會的威望大為下降。另外，十字軍打開了東方貿易的大門，導致大量自由民的出現，更加速了西歐手工業、商業的蓬勃發展，成為文藝復興與中產階級商業文明發展的重要力量。

　　歐洲人還帶回許多新奇的紡織品、香料、珠寶等等，大大刺激了貴族的奢侈欲望，使用東方奢侈品成為一種時尚。而伴隨著十字軍東征，文學、詩歌逐漸興盛起來，其中歌頌騎士羅曼蒂克愛情的章節，無疑誘導著女性意識的萌芽。十字軍沒有將基督教的旨意傳播到東方，卻在後院裏種下了世俗生活的大樹。在巨大的樹蔭下，人們開始質疑教條，開始擁抱塵世的享樂，追求感官刺激。於是，緊身胸衣有了出場的機會。

魔鬼登場

　　十一世紀的法蘭西，在女性服裝史上必須大書一筆，因為在那裏，男裝和女裝發生了第一次的分流，主角便是胸衣。它被經常穿在長裙的外面作為裝飾之用，款式是緊身、無袖、背後繫帶，使之緊身牢靠。領子上裝飾著凸起的條紋和刺繡細花邊，也有無領子的樣式。現在看來，胸衣和緊身胸衣在款式上（緊身、繫帶、無袖）已經有了很多相似之處，但是它還沒有邁出關鍵性的一步──刻意凸顯女性的身體曲線。

Fragments in Vogue History

1877年的圖畫，一個裁縫正在為貴婦量製時下流行的內衣。

雖然在前基督教時期，女體崇拜的習俗遍佈古文明的各個時期。但在中世紀基督教居統治地位的文化當中，從未將展示女性身體當作是美的象徵，原因是淫慾是魔鬼的誘惑，而女性曲線更被視為大敵，所以中世紀的女裝款式，幾乎無一例外地採取了遮掩身體的基本功能。

　　可是誰能想到，「魔鬼」居然隨著一群老鼠翩然而至。在十四世紀中葉黑死病（鼠疫）大肆流行以後，很多人開始懷疑上帝，離棄信仰，沉湎於無休止的放縱生活中。他們暴飲暴食，終日尋歡作樂，用感官刺激來麻痺自己。同時在十四世紀後半葉，由於人口的急劇下降和反復爆發的瘟疫，使得無論是個別家庭，還是國家城市，都必須採取緊急措施來促進人口的增長。這就讓公共場合的性吸引有了正當的理由。歷史學家們這樣描述黑死病洗劫過的歐洲：「當一些婦女在公開場合戴上假髮，穿上低胸襯衣，將乳房高高束起，甚至可以將一柄蠟燭徑直擱在酥胸之上時，誰會懷疑人性已經泯滅到了地獄的邊緣？」

　　黑死病帶來的恐懼，讓人們嚮往著肉體的歡愉，而文藝復興的光輝，則讓女性意識開始復甦。城市裏的新興階層，厭惡嚴苛的禁欲主義宗教傳統，希望回歸古希臘、古羅馬那種自然愜意的精神家園。這個觀點在女性著裝上體現得尤為明顯，層

BOX

揚・胡斯（Jan Hus，1369年~1415年7月6日），是捷克的哲學家與宗教改革家，曾擔任布拉格查理大學的校長。胡斯以獻身教會改革和捷克民族主義而殉道，留名於世，他的追隨者被稱為胡斯信徒。羅馬天主教視其為異端，於1411年革除其教籍，並在康斯坦茨宗教會議中判處胡斯有罪，次年處以火刑。胡斯之死直接導致了胡斯戰爭的爆發。

層包裹的身體終於可以袒露在陽光下，以往被刻意忽視的第二性徵，也能夠大膽地被展示。十五世紀宗教改革家楊・胡斯寫道：「由於女人穿著脖頸大開特開的服裝，所以任何一個人都能直接看到她們潔白耀眼的肌膚，直至裸露著的半個乳房。」

正是在這股潮流中，讓女性又愛又恨的緊身胸衣終於登上了歷史舞臺。

緊身胸衣的風潮起源於西班牙，最開始它全是由布縫製而成，靠收緊帶子來勒細腰肢。後來，為了強調收腰和保持整體形狀，人們便在其中嵌入了鯨鬚。這種緊身胸衣造價不菲，是貴族身份的象徵。有一個傳說是這樣的，當時西班牙正處於外國的統治之下，西班牙女王向她的臣民保證：祖國一日不自由，我一天不解胸衣！這個傳說現在看來有點可笑，真偽也有待商榷，但是卻能反映出緊身胸衣在上流社會中的風行程度。熱愛緊身胸衣的不僅僅只有西班牙貴族。法國國王亨利二世的王妃凱瑟琳・德・梅迪奇，就是一個名副其實的「緊身胸衣發燒友」。在她的嫁妝中就有緊身胸衣，更讓人吃驚的是，這件緊身胸衣居然是鐵製的，分為前後兩片，一側用來裝合，一側則用掛鈎來固定。

正所謂「楚王好細腰，宮中多餓死」，歐洲王室對緊身胸衣的熱衷，將這種審美品位深埋進了貴婦的心坎裏，並代代相傳。當然下層婦女對緊身胸衣也不無豔羨，但她們一則難以負擔那高昂的價格，二來苦於必須整日勞作，實在連穿上試一試的機會也沒有。緊身胸衣，居然誤打誤撞地成為階層劃分的物件。

S型曲線，從輝煌到寥落

在王室的推動下，緊身胸衣在歐洲上流社會迅速風靡開來，其製作工藝也得到改善。新型緊身胸衣的縫線，從腰際向胸部呈扇形展開，不但具有裝飾美感，即使大幅度的動作，也不會讓衣服變形。除了前部要插入帶狀鯨骨或木片、金屬片定型來保證腹部平坦外，還要把鯨鬚按體形曲線彎好後嵌入衣身。在胸衣上沿，也要橫著嵌入一條定型過的鯨鬚，背後的鯨鬚則需挺直，從而壓迫肩胛骨，使背部平坦，讓胸部更為突顯。胸衣的開口開始統一放到背後，腰圍越來越小，「可堪盈握」從修辭變成現實。胸衣前部下端呈尖角狀，這樣不僅在視覺上使腰身看上去更纖細，

《亂世佳人》的劇照。郝思佳束腰的鏡頭讓人很難忘記，當時女子的纖纖細腰都是束出來的。

用緊身衣將女性腰部塑造成如此程度，讓現代人不寒而慄。

還把視線往下引，極具挑逗力。

　　不斷改良的緊身胸衣在維多利亞時代達到巔峰。以至於現在一提到它，大家都會不由自主地想起那個英國的全盛時期。維多利亞時代女性的經典形象是：上著緊身胸衣，下著加裙撐和臀墊的長裙，全身上下裝飾著蕾絲花邊。若說緊身胸衣在發明之初還帶有一點女性自我意識覺醒的味道，到這個時候，已完全淪為畸形的審美玩具了。它將女性身體雕塑成沙漏形狀，所要付出的代價是健康，甚至是生命。因為束縛，女性的肺部機能被嚴重削弱，胃、腎、腸等器官都被迫下移，下半身血管受到強烈的壓迫，人體的三大機能——呼吸、消化和血液循環同時受阻，嚴重時會直接引發猝死。穿著緊身胸衣的痛苦從《泰坦尼克號》、《加勒比海盜》、《亂世佳人》等影視作品的情節中，多少能一窺端倪。

　　問題也隨之而來，既然穿緊身胸衣如此難受，為什麼還有那麼多人對它趨之若鶩？

　　要解釋這個問題，恐怕還得從兩性關係著手。自從文藝復興以降，禁欲主義的藩籬被突破，人們終於開始正視男、女兩性的差別。

如何在這新的前提下構築兩性關係，又成了一個棘手的難題。在西方文明史上，以生理上的性別來劃分男、女兩性，並以此為基礎談論男、女特徵，與男、女在社會上的分工位置，不過是最近幾百年的事情。尤其是到了十九世紀時，女人的身體成為重新定義男、女關係的戰場。然而令人悲哀的是，在這戰場上進行的交鋒，輸家永遠是女性。以女性的第二性徵來吸引男性，本來是無可厚非的事情，然而在男權的語境下，這種吸引變成了獻媚，本身平等的展示與觀察，變成了一邊倒的受與施。

　　緊身胸衣的流行正演繹著這種邏輯怪象：男性將自己的審美眼光強加於女性，而女性為了博得認同，不得不放大其中的某種期待，男性覺察到自己的慾望被滿足之後，回饋的是更多的要求。幾輪過去，不論男性和女性，大家都陷入這種愈演愈烈的誤解中，終致無法自拔。最後的結果就是，緊身胸衣的繫帶越來越緊，緊到勒得肋骨都折向了後方。

　　法國啟蒙思想家讓・雅克・盧梭說：「看見女人像黃蜂般被束成兩半，那可不是什麼賞心悅目之事。」但真要讓女人脫下緊身胸衣，也不是那麼容易。十六世紀中葉一直到第二次世界大戰前，緊身胸衣一直是盤旋在歐洲女性頭上的幽靈，揮之不去。二戰雖讓全人類蒙難，但也給女性帶來很多工作機會。

這是巴黎有名的銀行家夫人《阿爾貝特‧凱恩‧坦吉爾夫人》的肖像，她在去看戲劇表演時穿的晚禮服，那纖纖細腰必定也是緊身胸衣的功勞。

為了方便活動，累贅的緊身胸衣必須解除。再加上本世紀前期幾位天才設計師創造的全新時尚風潮（例如：波烈宣導的新型女士內衣和寬鬆的長袍款式，香奈兒設計的直身小黑裙等），以及戰後女權運動的燎原之姿，束縛女性身體、影響女性健康四百年的緊身胸衣終於被扔進儲藏室。

　　縱觀緊身胸衣四百年的發展，用女性曲線雕塑史來概括毫不過分。從中世紀的完全遮擋到文藝復興前期的貼合身體，從適度的S形到極端的X形，展現的是女性探尋體態美的艱辛過程。人們經常形容女性玲瓏浮凸的身材是「魔鬼曲線」，它既給予足夠的誘惑，又不知不覺取走女性最寶貴的東西作為交換。在這四個世紀裏，魔鬼正是居住在男性的欲望與女性對美的誤解當中，奮力雕刻著那道讓世人迷醉的曲線。如今，緊身胸衣的時代已經過去，但女人們與魔鬼曲線抗爭的歷史卻遠未結束，至於其中的成敗得失，只能留待後人評說了。

讓人類穿起衣服，似乎花費了成千上萬年的時間，而脫掉它們，則是不到一百年的事。簡或繁的輪迴，不僅表徵著剪裁藝術，更多的意義則是與社會觀念相呼應的結果。是罪，還是美，是個關鍵性的問題。

比基尼 | 罪還是美？ 文／馬陌上

簡或繁的輪迴

在比基尼誕生以前，人類經過了漫長的「服裝前史」：從大洪水以前夏娃身上的無花果葉，到埃及豔后的緊身裲襠絲麗服與兀鷹帽；從邁錫尼入侵之前的克里特米諾人的洩地長裙，到古希臘整塊布幅上的完美褶皺；從伊特魯里亞的華麗披肩，到羅馬的托加袍；從拜占庭的T型束腰上衣，到北方蠻族橫掃羅馬後向上豎起的領圈以及鋸齒形袖口；從「嚴肅的母雞」伊莉莎白一世點綴著飾帶、寶石和珍珠的綢緞袖子，到出現於西班牙皇宮並迅速風靡歐洲的用柳樹枝、藤條或鯨魚骨編織的襯箍；從佛羅倫斯的長筒襪，到巴洛克式魯賓帽、蕾絲和高跟鞋；從路易十五情人蓬巴杜夫人的洛可可式的「法

身穿洛可可式服裝的蓬巴杜夫人。

國人」長袍，到大革命後的「翻捲口袋」……等等；服裝由簡到繁，又由繁到簡，經歷了差不多一整個輪迴。

在這個漫長的輪迴中，是簡，還是繁，不僅表徵著剪裁藝術的精進，更多的意義則是與社會觀念相呼應的結果。在諸多觀念中，廉恥是最為核心的價值，也就是說，簡或繁的尺度，取決於人們對廉恥的理解程度。值得一提的是，即使同處於文明社會，各民族的廉恥觀念也往往大相逕庭，這使得人類服飾史在「由簡到繁，再由繁到簡」的整體脈落下呈現出紛雜的色彩。

就整個中世紀而言，最令人迷惑的，莫過於服裝對女性乳房和男性生殖器的凸顯與遮掩，這使得女士領口的高低和男士外套的長短，成為持續千年的爭論焦點。查理七世的情婦阿涅絲‧索雷（Agnès Sore）在十五世紀發明了一種不對稱的時裝，可以看作是對女性到底應該藏起乳房，還是完全露出它的猶疑不決的回應；而同時代興盛於義大利半島上的男士「遮羞囊」，究竟是為了遮蓋長袍下擺迅速上移後暴露於他人目光下的鼓鼓囊囊的下襠部，還是為了炫耀碩大的生殖器而為其裝扮上繽紛的顏色？這些令人困惑的問題，一遍又一遍地印證了人類面對自己身體時的迷茫：是罪，還是美，這是一個關鍵性的問題。

不過，不管怎樣，告別維多利亞時代的貴婦人，二十世紀終於來了。1900年至1910年間，是「反裸露」的最後一戰，仍以失敗告終。保守的美國人給開放的法國人寫了封措辭激烈的信：「致臭名昭著的法國人，在曬日光浴時，沒有理由非要露出他那些……在美國，我們游泳時都穿能夠遮住……『屁股』和性器官的游泳衣，但在（你們）法國，總是把事情推向極端，因為那裏的人都有些瘋狂，90%的人都有雞奸癖和賣淫癖，幾乎人人都患有梅毒……。」但這無法阻擋法國人的腳步。中世紀強大的教會力量和在頭頂高空來回呼嘯的上帝，都無法讓他們乖巧地將身體藏進

BOX

保羅‧波烈（Paul Poiret，1879年~1944年）出生於巴黎，他的一生和事業都在巴黎進行。在巴黎他度過了最輝煌和最慘澹的時光。波烈是個布商的兒子，長得其貌不揚，但從小就與服裝結下了緣份。波烈的設計代表了二十世紀初的獨特風貌，是時裝界的幻想主義者，其影響一直持續迄今。

衣服裏，上帝退場後，美國人幾句難聽的話又怎能嚇唬得住他們！

　　「斗篷裝」不過是讓女人們的長裙剛剛離開地面，輿論界便一片譁然：「原來女人也是兩隻腳的動物！」沒等這樣的喧嘩落定，保羅·波烈（Paul Poiret）便急不可耐地讓女人脫去了緊身胸衣。在他看來，那種令女性保持43釐米細腰的玩意兒，實在是一種損害健康的枷鎖，更重要的是並不美觀，「使婦女看上去好像拖著推車」。波烈設計出了可以取代緊身胸衣的胸罩。這個傑出的設計師還擁有令人驚歎的推銷才能，他雇了九位模特在歐洲和美國往返展示他的作品，為了取得良好的行銷效果，他把剪裁衣服跟馬戲團的把戲聯結起來：在伸展臺上，只需一把剪刀、一盒別針和一卷布，他幾分鐘就能為現場觀眾裁出合身的衣服來。但保羅·波烈無法做得更為徹底，因為他能讓女人脫去緊身胸衣，卻無法擺脫自己對華貴、濃豔的偏好，所以當香奈兒一刀裁去華貴與修飾，衣服只剩下遮寒蔽體的功能時，保羅·波烈譏諷香奈兒有一種「高級的窮酸相」，像個「營養不良的打字員」。

　　無論波烈跟香奈兒的爭論如何，其實都不重要，因為這傳達出一種訊息：「簡與繁，脫與穿，似乎都不再關乎宗教、道德、政治等外在於服飾藝術的勢力，而僅僅關乎身體自由與美的觀念」。在現代，當「解放」這樣的標題頻頻迴盪在人類、民族、國家、個人，尤其是婦女等主語的耳畔時，我們將這些視為是一種文明的進步。

大膽，再大膽一點

　　維多利亞時代的「道德餘孽」未能阻止女人脫得更徹底，正如人

類所謂的「和平本性」擋不住原子彈爆炸一樣。1946年6月30日，在太平洋的比基尼島（Bikini Atoll）上出現了原子彈試爆，18天後，一位名叫路易士‧里爾德（Louis Reard）的法國人在巴黎推出了胸罩樣式的上衣和三角褲泳裝。他雇了一名應召女郎擔任模特兒，在一個公共泳池展示了他的作品，並且以「比基尼」命名。一周之後，他的「作品」就風靡了全歐洲。

從設計的角度上講，里爾德的作品其實毫無新意可言，他的許多前輩們所奉行的金科玉律，在他這裏同樣生效了，那就是：「大膽，再大膽一點」。穿衣是一種藝術，脫衣只需要一種勇氣。里爾德在行銷策劃上表現出來的天才遠甚於服裝設計。他將這種由三塊布料和四條帶子縫製而成的、揉成團可以塞進火柴盒中的簡陋玩意命名為「比基尼」——當全世界的目光都因為原子彈而投射在太平洋那座無人小島上時，里爾德聳聳肩說：「真正的爆炸是『三點式』泳裝引起的。」

比基尼的另一位發明者——同樣來自法國的雅克‧海姆則遠遠沒有這位同行來得幸運。儘管比里爾德更早拿出作品，甚至同樣想借原子彈的光芒推銷自己的作品，但她錯誤地將作品命名為「原子彈」——這個毫無想像力的名字讓人們喪失了對新

比基尼風靡全球，得力於女星們賣力「推銷」的結果。

鮮事物的想像空間。雅克‧海姆雇人駕駛飛機打出煙幕廣告：原子彈——世界上最小的泳裝；里爾德也用飛機打出煙幕廣告：比基尼——比世界上最小的泳裝還要小。

里爾德果然發了大財。儘管在那麼一段時間裏，地中海國家視比基尼為瘟疫，美國禁止「穿比基尼的頑皮姑娘」登陸，義大利和西班牙的海岸警衛隊在近海巡邏，以隨時驅逐那些海灘上的「風化敗類」，但這都無法阻擋比基尼在全球範圍內的風靡之勢——當女權運動勢頭正猛時，任何勒令女性穿起衣服的行為，都被視為是對女性的性別歧視。「衣服」實實在在地，被看作是男人套在女人

身上的枷鎖。數字最能說明問題：英國女人每年花
費在比基尼上的錢，大約為4500萬英鎊，而法國顯
然更多。伴隨著碧姬・芭鐸主演的《穿比基尼的姑
娘》以及布萊恩・海蘭主唱的《黃色圓點花紋小小
的比基尼》在全球風靡一時，比基尼，終於成為家
喻戶曉的尋常玩意兒——這種尋常，也許更是因為
瑪麗蓮・夢露的鼎力推廣、以及《生活》雜誌不厭
其煩的專版介紹下的結果。

　　1964年，一款沒有胸罩的比基尼被魯迪設計了出

如今的沙灘上，身著比基尼的
女孩隨處可見。

來。略為保守一些的設計師寇爾，則選擇用漁網遮住乳頭和腰部。但無論如何簡化，設計師並不急於一刀剪去遮蓋私處的布片或帶子，他們只是用各種辦法在「露」、「透」、「裸」，之間尋找著視覺與商業上的平衡。事實上也真難為了他們，要在這麼小的布料上做足花樣，就連那些極盡精工與奢華的中世紀前輩們想來，也會捉襟見肘的。

遵循著這樣的邏輯，接下來的事情便不難想像了：女權運動的激進分子不但拒絕進廚房、拒絕穿戴胸罩、拒絕生育，甚至拒絕蹲著撒尿。在她們看來，「不一樣」就意味著「不平等」。各式各樣的「天體營」很快地就成為流行事物，裸泳也變得時髦起來——當初被視為「政治上進步」的比基尼，很快地便成為保守的代名詞。是的，憑什麼女人必須因為男人而遮遮掩掩！

如果說政治的核心訴求是「平等」和「自由」，那經濟的核心訴求就是「利益」，甚至「美感」。於是，全世界做比基尼生意的資本家聯合起來宣佈：裸體一點美感也沒有。當女人真的脫光光時，令人類社會驚詫的不是終於窺探了一種終極的秘密，而是身體也許再也創造不了什麼財富了。

女人重新撿起扔在沙灘上的比基尼，並將屁股也包了進去。性感區被恰到好處地裹在比基尼裏面，其餘部位則儘量地裸露——這種微妙的平衡，為視覺劃定了界限，從而給想像力製造了不大不小的空間。我們把這個空間叫做「色情」，它裏面隱藏著當代社會最大的秘密：「性別如何創造價值」。

從這個意義上講，是比基尼終結了服裝史，而不是「裸體」。

2006年倫敦克利斯蒂拍賣公司（Christie's）內的一錘定音，刷新了一項電影演出服裝拍賣的新紀錄。奧黛麗·赫本在電影《蒂凡內早餐》中穿過的「小黑裙」，被一位透過電話競拍的神秘買主，以46.72萬英鎊（約合92萬美元）購得，比起拍賣行的估價整整高出了六倍之多。從此，這部名留影史的作品，除了名曲《Moon River》、結束通宵狂歡的霍莉在蒂凡尼珠寶店櫥窗前吃早餐的經典場景外，又多了一項頗能引起人們興趣的談論話題——小黑裙。

小黑裙 | 世紀風流 文／劉昕

雖然《蒂凡內早餐》的原作者杜魯門·卡波特一再表示，奧黛麗·赫本並非他心目中的女主角首選，甚至在看到影片結尾時怒不可遏：「她本來應該變得有錢和醜陋，可是直到最後她還是那麼漂亮和貧窮！」但這絲毫無法撼動奧黛麗·赫本和這部電影在觀眾心目中的崇高地位。因為兩位屬於六十年代的驕子——銀幕女神奧黛麗·赫本和時裝天才休伯特·德·紀梵希Givenchy——早就聯手拂去了《蒂凡內早餐》中作者留下的影子，將它改造為

1952年，「紀梵希」在法國正式誕生。其創始人是法國設計師休伯特·德·紀梵希（Hubert de Givenchy，1927年2月21日～），他專注於傾聽女性的心聲，成功地將優雅與個性、愉悅與華美融為一體，以帶有夢幻色彩的精緻設計而享有盛名。他出生在法國諾曼地的一個藝術世家。自幼即展露其藝術天份，十歲時參觀了巴黎萬國博覽會的服裝館之後，便立志成為一位時裝設計師。紀梵希品牌一直保持著創始人的個性，傳承其受藝術、生活與奢華所薰陶的法國貴族氣質，在時裝界幾乎成了「優雅」的代名詞。1988年被路易威登（LVMH）集團購併。

1961年轟動一時的時尚事件，更藉此為後來近半個世紀的都市女性，樹立起優雅、靚麗的新榜樣。

而他們最有力的武器，便是穿在奧黛麗‧赫本身上的小黑裙。

黑裙誕生

說起小黑裙（Little Black Dress），就算只是對時尚史稍有瞭解的人也能指點一、二。這種由著名時裝設計師香奈兒推出的時裝款式，如今已經是女士們衣櫥中必不可少的「鎮櫃之寶」。1926年，著名的時裝雜誌《時尚》十月號介紹了香奈兒女士設計的新式裙子：「這件黑色的齊膝直筒裙，採用雙縐面料，有簡潔的一字領、緊致的長袖。」從此，時尚界多了一款傳奇女裝，並且有了自己的專屬名稱：「小黑裙」。

作為雜誌主推的時裝款式，《時尚》毫不吝嗇對它的讚美，甚至將這件未滿周歲的女裝比喻為福特T型車——另一項改變了人類社會面貌的偉大設計。

如今，我們能輕易找到小黑裙和T型車相似的優勢：「高品質，適合大量生產，而且都是黑色的。」小黑裙一上市，就受到不少堪稱「前衛」女性的追捧，香奈兒也借此終於可以和老一輩設計師們分庭抗禮。不過，輿論也不全然是一邊倒，並非所有人都對它拍手稱讚。和香奈兒齊名的服裝設計師保羅‧波烈，就公開批評對手的作品有著「高貴的窮酸相」。

保羅‧波烈的批評或許真的有些道理。以當時的審美眼光來

看，女性通體著黑，很有些離經叛道的味道。香奈兒選擇與小黑裙搭配的廉價飾物，在保羅·波烈這位宮廷風格大師眼中，更是不值一哂。直身剪裁顯得有點刻板堅硬，裸露的雙腿，看起來多少有些不夠雅觀。

時隔八十年後，我們已經很難想像出當時攻擊小黑裙的火力有多麼兇猛，更對為什麼批評者會將矛頭直指裙裝的顏色感覺納悶。現在的時裝界，早就視黑色為永恆的流行。但是對於彼時的歐洲居民而言，他們看待黑色的態度遠不像當下那麼明確。

將黑色和悲傷、死亡聯繫在一起，是歐洲服裝的根本傳統。在中世紀，如果有貴族逝世，僕役們都要身穿黑色喪服為他致哀。精明的英國僕人在買不起喪服的時候，想到要使用一塊佩戴在左臂上的黑紗以表示哀悼，後來竟逐漸發展成為國際通行的慣例。直到十九世紀下半葉，很多地方習俗中，依然強制守寡的女性穿著全黑的喪服長達兩年半。二十世紀初期，還有相當數量的保守派人士認為在日常服裝中，黑色是一種不道德的禁忌顏色，尤其對年輕女孩來說，身穿黑色通常暗示著她們的「純真已逝」。

看到這裏，我們已經不難理解小黑裙出現時遭受的質疑與猜忌。甚至連小黑裙的受益者也並不全

福特T型車（Ford Model T；暱稱為：Tin Lizzie或Flivver），是美國亨利·福特創辦的福特汽車公司於1908年至1927年推出的汽車產品。首輛T型車誕生於1908年的9月27日。其問世使1908年成為工業史上具有重要意義的一年。亨利·福特稱這款車為「世界之車」，在其他車輛及馬車仍會陷入泥濘的道路上時，它成了低成本的可靠交通工具。T型車以其低廉的價格使汽車作為一種實用工具走入了尋常百姓之家，美國亦自此成為「車輪上的國度」。

小黑裙能在不斷變幻的時尚界始終屹立，深受輩分橫跨三代的女性追捧，都是因為從它身上，女性看到了拋棄古板傳統，不受束縛地追求自由、個性和愉悅的希望。

維多利亞女王 Alexandrina Victoria

維多利亞女王（Alexandrina Victoria；1819年5月24日~1901年1月22日），維多利亞女王英國歷史上在位時間最長的君主，在位時間長達64年。她是第一個以「大不列顛和愛爾蘭聯合王國女王和印度女皇」名號稱呼的英國君主。

維多利亞女王在1840年與堂弟亞伯特結婚。他們的女兒、孫子散佈於歐洲各個皇室中，因此得到了「歐洲祖母」的外號。維多利亞女王在位時間長達63年零七個月，她在位期間（1837年-1901年）是英國最強盛的所謂「日不落帝國」時期。女王統治時期，在英國歷史上被稱為維多利亞時代。當時正值英國自由資本主義由方興未艾到鼎盛、進而過渡到壟斷資本主義的轉變時期，工業、文化、政治、科學與軍事空前繁榮，君主立憲制得到充分的發展，使維多利亞女王成了英國和平與繁榮的象徵。

左圖　杜莎夫人蠟像館中，赫本的蠟像身著《蒂凡內早餐》中的經典服裝。

右圖　小黑裙的設計者可可‧香奈爾。

然領情。《衛報》就曾經接到過這樣的婦女來信：「如果人人都穿黑，那我們用什麼顏色來表示自己的悲傷呢？」

開啟新風尚

就像硬幣總有兩面一樣，黑色與負面情緒同行的時候，也在與歐洲上層階級，尤其是宗教人員交遊廣泛。例如：歐洲歷史上大名鼎鼎的三大騎士團中，有兩個曾經用過黑色的徽章（醫院騎士團最初的標誌是黑底白色的八角十字，條頓騎士團則用的是白底黑十字）。1556年召開的米蘭主教會議上，聖查理‧博洛梅主教規定，

他教區內的所有教士只能穿黑色服裝，此措施隨即在整個義大利生效，並且於1583年後開始波及法國。如今提到教士，我們便想到一襲黑袍，印象就是自此開始的。

黑色與歐洲宗教人士如此接近，它在大眾心目中神聖與崇高地位可想而知。這給小黑裙在二十世紀初的崛起，創造了潛移默化的心理暗示。而王室對黑色的穿戴，則讓時尚愛好者們有了跟風的動力。他們效仿的對象乃是「歐洲的祖母」——英國的維多利亞女王。1861年，女王的丈夫阿爾伯特親王去世，維多利亞女王穿起了寡婦裝，一穿就是半輩子。

時尚界上行下效的力量著實可怕，由於女王時常身著黑裙，讓眾多時尚人士重新認識了黑色的魅力。作為無色系成員的黑色，寬容度極佳，不但能凸顯其他顏色的魅力，還能創造出一種沉靜、神秘、向內探尋的氛圍。雖然人類「著黑」的歷史由來已久，但經歷了維多利亞時代之後，黑色才算真正躍居近代時尚的第一線。正是借助這股風潮，香奈兒才敢勇敢地宣稱：「黑色代表一切」，並賦予了小黑裙單一而純粹的顏色。

小黑裙把黑色從聖壇上拉下來，並將它重新包裝走進世俗化的生活。這種無視禁忌、打破規訓的做法，讓小黑裙成了「女性解放」的代名詞，無疑

時裝伸展臺上的小黑裙

大大提高了這件時裝在女性心目中的地位。沒有繁複的領袖，恰到好處的裸露雙腿的設計，又為小黑裙增添了同時期其他女裝無法比擬的實用性。而這些，恰恰和日益高漲的女權運動產生了共鳴。

女性擺脫歧視和桎梏，要求平等社會地位的呼聲，從啟蒙運動開始就從未停止過。到了十九世紀末二十世紀初，伴隨著婦女參政運動和爭取選舉權，女權運動進入了高潮期，並一反女性溫婉柔媚的面貌，出現了激進的暴力事件。以英國為例，為獲得平等參政權，1903年成立的婦女社會與政治同盟，多次舉行集會遊行，甚至砸毀商戶櫥窗、破壞劇院、博物館，焚燒財政大臣勞合·喬治的住宅，暗殺首相赫伯特·阿斯奎斯，阻擋國王喬治五世的

2009年8月17日，在雪梨，很多女士以模仿秀來紀念一代影后奧黛麗·赫本誕辰八十周年，其中便可看見諸多「變形」的小黑裙。

身著小黑裙的女孩

賽馬活動。這些行為無不在向社會宣示著強大的「女性的能量」。

　　第一次世界大戰的爆發，給了政府與女權運動者和解的絕好機會。由於戰事吃緊，大量成年男性必須趕赴前線，導致英、法等國都出現勞動力短缺的現象，這勢必要求更多的女性走到生產第一線上，承擔起原本由男性扮演的社會角色。各地的軍工廠都有婦女在生產槍枝和彈藥，煤礦場裏有女性勞工正在挖煤。很多原來不雇用女性的工作和營業場所也開始雇用起女性員工。很多女性甚至直接走上戰場，在前線從事醫護、烹飪、製衣等工作。

　　第一次世界大戰之後，越來越多的人認識到女性在社會中所占有的重要地位，如果不給予她們應有的權力，後果將不堪設想。

在這種開明思潮的影響下，一批新穎的、更加職業化的女性湧現，使女性工作服應運而生。應對日益繁忙的工作和交際，女性不再需要使身體扭曲變形的緊身衣，也開始拒絕那些強調體態特徵的傳統設計，她們需要更多手部和腿部的自由，而單一的深色則讓服裝免於過度的矯飾，更具實用價值，又不會輕易弄髒。

香奈兒敏銳地觀察到了這一點，她說：「現代女性都開起車來了，還穿著有襯架的蓬裙根本行不通。」小黑裙的設計正好順勢而生。第一次世界大戰和第二次世界大戰之間的歲月裏，香奈兒和她的小黑裙定義著受解放運動潮流滋潤的女性新造型。而批判者保羅‧波烈則代表的誇張絢爛的宮廷韻味，響應者逐漸減少，並一步步走向衰落，設計師本人也因為耗費鉅資挽留他的帝國餘暉，最後導致債臺高築，鬱鬱而終。

長盛不衰

自第一次世界大戰之後，以小黑裙為代表的一系列新造型女裝，逐漸被女士們接受。它象徵著女性可以自由支配和展示自己的身體，能和男士享受同等的、由工作和旅行等社會活動所帶來的成就感，同時能在不犧牲美麗的前提之下，獲得生活上

的方便、快捷與舒適性。雖然小黑裙後來成為無數設計師改良的標本，但這個最基本的樣本，卻一直都沒有改變過。

　　小黑裙誕生後不久，適逢經濟大蕭條。這種當時最節省布料，並且價格不貴的女裝，保住了自己在大眾心目中的好名聲，安全度過了經濟最低迷的時刻，愛漂亮的美國婦女親切地稱它為「巴黎新時尚」。當然，好萊塢女星在大銀幕上的推波助瀾也功不可沒。這也為後來小黑裙成為眾多女明星的最愛埋下了伏筆。隨之而來的第二次世界大戰，讓常用於製作服裝布料的羊毛和絲綢面臨嚴重短缺，設計師便開始了用新材料製作小黑裙的嘗試，縐紗、天鵝絨、緞子等，都被用來代替羊毛和絲綢。

　　第二次世界大戰之後的最初幾年，小黑裙經歷了一個小小的低潮期。此時時尚界的寵兒是克莉斯汀‧迪奧（Christian Dior，1905~1957），小黑裙必須讓位給迪奧的「大黑裙」。飽經戰亂荼毒的人們，尤其是那些愛美的女性，都希望能通過迪奧的作品，重新找回富足年代的印象。胸衣、裙撐、繁複堆疊的裝飾，這些與小黑裙格格不入的舊時代象徵，改頭換面後重又回到了時尚的前沿。不過小黑裙並沒有被壓制太久。因為連偉大的克莉斯汀‧迪奧也不得不承認：「女人都應該有條小黑裙」。

　　五○年代當美國製造商用一種人造絲布料製作出大量廉價的小黑裙時，它又開始成為大眾談論的焦點，而且這次來勢洶洶，比起三十年前有過之而無不及。如果有十位女士參加派對，你很可能會在九個人身上看到小黑裙的影子。時尚界的導師級人物伊夫‧聖羅蘭（Yves

Saint Laurent，1936年8月1日~2008年6月1日）也說：「所謂漂亮女人，就是穿著黑色筒裙，黑色高領衫，臂彎裏挽著自己心愛的男人。」而它在大銀幕上的風頭，更是讓人無法抗拒。從《法蘭西最後的玫瑰》、法國影壇常青樹，有「冰美人」之稱，集美麗和高貴於一身凱薩琳·德納芙（Catherine Deneuve，1943年10月22日~）到法國傳奇女歌手伊蒂絲·皮雅芙（Édith Piaf，1915年12月19~1963年10月11日），都和小黑裙結下了不解之緣，伊蒂絲·皮雅芙更是終其一生都穿著它在臺上演出。不過小黑裙的最佳代言人還是奧黛麗·赫本。小說原作者杜魯門·卡波特雖然對赫本出演電影《蒂凡內早餐》有些不滿，卻依然無法忘卻她留下的美好印象：「那是一個初夏的夜晚，她穿著既苗條又酷勁十足的黑色裙子、黑色涼鞋、珍珠項鏈⋯⋯。她總是戴著黑色的眼鏡，總是精心修飾，這些與她簡潔的服裝風格相呼應，顯出極佳的品位。」

　　之後，時裝歷史便徹底和小黑裙交織在一起。當西方遭遇性解放潮流的時候，小黑裙被去掉袖子、開低領口、下擺越做越短，成為袒露身體，顯示性感的工具。當雅痞一族崛起的時候，小黑裙被墊起雙肩、飾以硬朗的直線條，成為職業女性權力和強勢的象徵。當「廣島流浪女」川久保玲帶著她的解構時裝來到巴黎時，小黑裙被做得破破爛爛、

糾結纏繞、裏外不分、毫無規矩。著名設計師伊夫‧聖羅蘭、義大利著名時裝品牌設計師兼創始人艾米里奧•璞琪（Emilio Pucci）、喬治‧阿瑪尼（Giorgio Armani，1934年7月11日~）等，都是小黑裙的支持者。他們的想法也許正如迪迪耶‧呂多（Didier Ludot）在《小黑裙》中所寫的：「沒有小黑裙的女人就沒有未來。」

　　經歷過無數輪嬗變之後，我們發現，再也難以用款式、外形來嚴格定義小黑裙。唯一不變的是：「當穿上小黑裙時，它會襯托出你自身全部的魅力，而不會搶走你一絲光芒。」也許就像一位女設計師所說的那樣：「你也許記不住自己的鞋子，記不住自己的包包，甚至記不住曾經和自己相處過的男人，但會永遠記得讓你看上去那麼自信、優雅而性感的小黑裙。」

遍尋男裝的歷史，恐怕再也難找到像如今的內褲那般，能將其使用性和符號性決然分開的例子了。

一方面，對現代人而言，內褲幾乎全無實用意義，指望這小小的一片布來保暖和抵禦傷害，似乎有點不自量力。那麼是用它來遮掩重要部位，避免走光？在大多數的時間裏，內褲都居於外褲之下，實在是多此一舉。但另一方面，不論是歷史上的大人物，還是現代生活中的城市男女，有太多人把內褲和男性氣質聯想在一起。

男士內褲 | 一面名為遮羞布的旗幟

文／劉昕

曾經的防護罩

在歷史上，男士內褲曾經是「絕對」的實用品。如今，我們能看到的最早的男士內褲實物，據現代研究已經有五千多年的歷史。它的主人就是大名鼎鼎的「奧茲冰人」。1991年，冰人被發現時，已被阿爾卑斯山上的冰雪製成了木乃伊，他身上穿著由羊皮、鹿皮、樹皮及草製成的三層服裝，在寬大的斗篷下面，便是由皮革製成的纏腰帶——也就

1585年約翰·懷特的繪畫：盛典前的印第安人。

是現代男士內褲的遠古雛形。

　　奧茲冰人倒斃的時候，身旁放置著一把銅制的斧頭，一支長弓和一個裝有十四隻箭的箭袋，這說明了他的身份很可能是一位戰士。我們是否能就此推論，在早期人類歷史中，男性內褲是否被當成防護性服裝而存在的呢？這個推論並非一廂情願的臆斷，人類學家的記錄為我們提供了某些支持。在探訪新幾內亞西部高地的土著居民時，發現那裏的成年男性除了內褲以外什麼都不穿。而當地男性居民的內褲是由堅硬的葫蘆掏空製成的，能讓他們的重要部位避免在狩獵時候受到傷害。

　　在關於古希臘和古羅馬的記錄中，我們也能找到不少論據。古希臘人的著裝是寬鬆的披掛式，內衣極為罕見。更為人所熟知的是他們的奧林匹克運動會，其中的參賽人員都是不著寸縷。不過，像摔跤這樣的格鬥類競賽中，腰布（很像現在的內褲，不過採用了圍裹的穿著方式）依然是很多運動員的防護措施。

　　古羅馬的情況則更為清晰。羅馬因襲了希臘的服飾傳統，在這個征戰四方的國家內，「穿不穿內褲」曾經一度被當作區別蠻族和

羅馬人的手段之一。

　　不過，這些「元老院」裏保守的思想，在前線戰士身上並沒有獲得過多的尊重。古羅馬依靠武力將文明傳播到所謂「蠻族」地區的同時，蠻族的文化也侵襲著征服者的傳統。尤其是在北方地區，羅馬士兵們驚奇地發現蠻族分叉式的長褲，無論在保暖效果還是方便性上，都遠遠超過自己的服裝。類似今天襯褲或內褲的玩意兒在軍中迅速流行起來，並且隨著大軍的遷徙來到羅馬各地，並最終被人們廣泛地接受。

男性的隱秘勳章

　　仔細地回溯歷史，我們發現古代男士的內褲多半是作為一種防護服，穿在戰士們的身上，這是不

亨利八世 Henry VIII

亨利八世（Henry VIII，1491年6月28日~1547年1月28日），是都鐸王朝第二任國王，也是愛爾蘭領主，後來更成為愛爾蘭國王。他在位期間，把威爾斯併入了英格蘭。

亨利八世致力於推行宗教改革，為了休妻而另娶新皇后而與當時的羅馬教宗反目成仇，他通過一些重要法案，容許自己另娶皇后，他一生共娶了六個老婆，兩個被斬首，一個被趕出宮廷，一個宣告婚姻無效，最後一個因為亨利過世才倖免於難。他並將當時的英國主教立為英國國教大主教，使英國教會徹底脫離羅馬教廷，自己成為英格蘭最高的宗教領袖，使英國王室的權力因此達到頂峰。

在古羅馬，襯褲或內褲在軍中迅速流行起來。

是如今總是將內褲和男性力量聯想在一起的歷史基因呢？

　　有這種想法的人不在少數，他們中最有名的是亨利八世。亨利八世是英國都鐸王朝的第二位國王，亨利七世的次子。這是英國歷史上繞不開的人物，他實施的宗教改革讓英國和羅馬教廷決裂，他在英國成立聖公會，不承認羅馬教廷，確立國王對教會的絕對統治，從而導致英國成為完全的民族國家。

　　除了宗教改革，亨利八世更為人熟知的是他性好女色，其發動宗教改革的直接原因就是為了讓自己的第二次婚姻合法化。亨利八世一

生鍾愛後宮生活，前後結婚六次，動不動就將失寵的
妻子以通姦、叛國的罪名處死。

　　雖然身為他的王后必須時刻警惕，但亨利八世
自己倒是過得逍遙自在。他熱愛科學和藝術，他的
宮廷吸引了當時歐洲最重要的藝術家和學者，並為
自己留下為數眾多的肖像畫。在著名畫家霍爾班為
亨利八世繪製的全身像中，有一個引人注目的細節
——隆起的襠部。

　　不錯，這位亨利八世正是在內褲中加入襯墊的
愛好者。彼時歐洲的男性通常只穿一條褲子，內外不

分，流行的款式很像現
在的緊身褲。只是它分
為兩個部分，內部是及
膝的寬鬆內褲，而外部
是緊身長筒襪套。雖然
當時男褲已經有了門襟
處的飾袋設計，不少人

提香：《與愛犬在一起的查理五
世》，收藏在西班牙馬德里的普拉多
美術館。可以明顯看到在男性的襠
部，刻意突顯的設計。

關於Jockey和Boxers兩種內褲大戰的漫畫。

將其當作放零錢和雜物的便利口袋，但是亨利八世通過身為國王的權威，讓自己成為男裝潮流的領軍人物：將內褲的襠部故意墊厚，使得自己的下體看上去偉岸非常。聯想這位國王的政績和情史，如此誇張地展現自己的雄風，似乎也是情理之中。但也有歷史學家不願往亨利八世臉上貼金，他們推斷內褲中放了浸有藥水的布帶，以緩解梅毒帶給國王的痛苦。

從遮羞布到性感符號

在亨利八世時代風光了一陣之後，男士內褲又開始歸於沉寂，走回了單純遮擋的老路。工業革命改變了世界的模樣，卻沒讓男士服裝產生太多變化，現代男士內褲的出現，已是二十世紀之後的事情了。

1935年，騎士（Jockey）內衣公司在芝加哥發佈了世界上第一條Y字形三角內褲。如今我們熟悉的內褲樣式、長短大小，基本上終於固定了下來，「內褲」一詞也正式收入了詞典，成為男裝的一個單獨分類。說來好笑，一開始誰也沒有把這種布料精簡的裹身之物當一回事兒。有些人諷刺它是「寡婦設計師」，因為想男人而弄出來的花癡作品，紐約的一家百貨公司甚至在一次暴風雪之後，將展示這種內褲

的櫥窗全部撤下來，替換成長至腳踝的約翰襯褲（因十九世紀拳擊手約翰・蘇利瓦酷愛穿這種緊身襯褲進行比賽而得名）。

百貨公司的經理認為自己的處理十分妥當，天氣已經逐漸寒冷起來，還有什麼人會花錢買那巴掌大的幾塊布？但就在他們沾沾自喜地佈置櫥窗的當口，商場裏的騎士內褲已經賣完了600包。在之後的三個月內，三角內褲再度售出三萬條，騎士內衣公司不得不租用飛機專門往美國各地送貨。

體驗過騎士內褲的男人，終於養成了消費這種新型內褲的習慣。雖然內褲貼身而舒適，但它卻不是什麼能擺上桌面討論的物件，還沒有擺脫遮羞布的尷尬地位。不過，它並沒有等待太久，仰賴著一位英雄人物的登場，內褲終於從遮羞布變成一種全新的文化符號。

三〇年代的美國，籠罩在一片陰霾之中。前有幾乎摧毀了「柯立芝繁榮」全部成果的經濟危機，後有越來越成為世界安全隱患的法西斯主義崛起，期間還穿插著美國憲法第18號修正案「禁酒令」所帶來的副產品——黑幫勢力的猖獗。正當美國的大都市居民被高犯罪率折磨得人心惶惶時，一位保護神從天而降。他有著堅不可摧的軀體，令人嘆服的

力量，敏捷的身手和無與倫比的責任感，不錯，這就是如今已經家喻戶曉的漫畫人物──「超人」。

自從1938年六月在《動作連環漫畫》雜誌上正式登場以來，這個由作家傑利・西格爾和連環漫畫家喬・舒斯特創造的超級英雄，化身成為正義的代言人，在潛移默化中形塑美國的倫理精神。

如同簽署「禁酒令」的人沒有想到它會催化黑社會勢力的崛起那樣，超人的設計者也沒想到，他們居然能在和漫畫不相干的風尚領域中，留下了屬於自己的印記。超人的出現，將一種「隱秘時裝」直接放到了大眾的眼前。想想除了力大無窮、高速飛行、刀槍不入外，超人

小漢斯・霍爾班（Hans HOLBEIN the Younger,1497~1543年）生於德國的奧格斯堡，是北歐最善於心理刻劃的寫實肖像畫家。1526年霍爾班第一次造訪英國，並加入了摩爾爵士的社交圈，他為摩爾家人畫了一幅肖像畫，並且細膩地在背景上描繪出摩爾爵士家裡的樣貌，這在北方藝術中是前所未有的創舉。1532年，他二度造訪倫敦，成功地為許多外國商人繪製肖像畫，他和外交圈的密切來往更獲得朝廷的注意。之後他成為亨利八世的宮廷畫家。他最著名的作品包括：《墓中的基督》〔The Body of the Dead Christ in the Tomb，1521年〕、《喬治・吉斯澤肖像》〔Portrait of the Merchant Georg Gisze，1532年〕、《使節》〔The Ambassadors，1533年〕、《英格蘭女王珍・西蒙》〔Jane Seymour, Queen of England，1536～1537年〕等。

還有什麼特徵？藍色的緊身衣、紅斗篷……，對！還有一條穿在外面的紅內褲。

自從超人誕生之日開始，關於他這套奇怪裝束的詢問，就不絕於耳。為什麼一個具有象徵樣式的英雄人物，要把內褲穿在外面？解釋當然也是各種各樣的理由。在漫畫裏，超人自己的解釋是為了讓衣服區別於各種軍服，所以他（另一說是他的養母）選擇了這種裝束，來表明自己與眾不同的身份。

有人認為傑利‧西格爾和喬‧舒斯特的「超人漫畫」總是找不到買家，於是就力圖將自己的創作改造得更醒目。西格爾建議在超人胸前的三角形標記中放一個字母「S」，而舒斯特為超人的背上也設計了一件瀟灑的披風。不過，這些都比不上在純藍

超人形象的內褲外穿促進了內褲的變革。

身著內褲的瑞典體操運動員。

色的人體正中間,加上一道寬大的紅色來得引人注目。

　　無論人們怎樣評論這套奇特的裝束,有一點必須承認,在超人扶危濟困的年月裏,這條飛翔的紅色內褲已經成為他的名片,標誌著超人不同尋常的另一面。既然超級英雄可以以紅色內褲來標榜自己的特立獨行,普通人心中又何嘗不會思忖一、二?它將男人們從重重社會規範的束縛中鬆綁,替他們完成了一次心靈的解放。

　　此後,相較於幾千年裏的默默無聞,男士內褲地位的提升只能用「一日千里」來形容。款式越來越新穎,使用的材料越來越多樣

化。而像馬龍‧白蘭度（Marlon Brando，1924年4月3日~2004年7月1日）、詹姆斯‧迪恩（James Byron Dean，1931年2月8日~1955年9月30日）這樣代表著反抗刻板教條，蔑視沉悶生活的明星，也在電影裏經常以內衣、內褲示人。流行樂團「沙灘男孩」憑藉著身穿短褲，扛著衝浪板的專輯封面，開啟了「淘金熱」，最後造成了大規模移居加利福尼亞的潮流。

到了八〇年代，英國名模尼克‧卡門在李維斯501牛仔褲的著名廣告中，穿著白色純棉拳擊內褲（一種平角內褲）坐在洗衣機前。結果這則廣告不但讓牛仔褲熱賣，也帶動了白色純棉拳擊內褲的風行。而且大部分的客戶都是女性，她們購買內褲，是為了當作禮物送給自己的心上人。時裝設計師卡文‧克萊（Calvin Klein）將自己的名字印上了內褲，從此CK內褲（Calvin Klein Underwear）成為世界上首個設計師內衣品牌。經常裸露在外的腰邊商標，性感逼人的戶外廣告，就是他為內褲——這個新型服裝樣式的發展——制定的標杆。

僅僅將這些事件當作是大眾媒體對「性話題」的獵奇，恐怕並不盡然。雖然作為貼身衣物，男士內褲與性有著天生的聯結關係，但怎麼解釋它在戰

《超人》的故事風靡美國乃至全世界。

後突然繁榮起來的現象呢？

　　理查・科利爾的研究似乎能給我們一些啟示。他認為以往的服裝使男性失去性化的作用。雖然並不是說男性時裝超越了與性的聯繫，而是男性為了抹去身上作為個體的性特徵而著裝。

　　隨著反戰示威遊行、嬉皮士潮流、民權運動、女權運動、對麥卡錫主義的批判等反權威思潮的逐次開展，讓越來越多的男性（尤其是青年）開始對社會賦予他們的身份角色產生了懷疑。對他們而言，世界不應該被僵死的齒輪固定住，而應該是一個由渴望、夢想和「利比多」（libido, 性的欲望）編織出的舞臺。在這舞臺上，盡情揮灑個體的光芒是唯一必需的事情。

　　武斷地將這種情懷等同於享樂主義的偏見，讓人很容易無視於它的正面價值：「無論將遮羞布變為性感符號看起來多麼粗鄙，它都代表著一種對男性權力和性別角色的反思。」

　　內褲，從保護罩到裝飾物，從無法得見天日的布條到可以彰顯個性的旗幟，這一嬗變難道不正說明了，男性在靠時裝給女性畫地為牢的同時，也把自我綁架到了一個漠視人性的高度？

利比多（libido）

佛洛伊德認為，性是人的一切思想和行為的原動力，而性欲，則成為證明一個人魅力的最主要表達與展現方式。他還把性稱為「libido」，即利比多。他經過對大量的精神病人的觀察後，得出以下的結論，一、是每個人的利比多的力量的大小，決定了他的攻擊力和防禦力；二、是人的童年經歷對人的一生有至關重要的影響。如果一個人的利比多不協調，而且他的童年經歷稀奇古怪，那麼他就很有可能會產生精神分裂。

　　1990年，一部名為《脂粉雙雄》的電影在香港上映。導演兼主演的洪金寶與著名歌星譚詠麟合作，依仗著「同性戀」這個賣點話題，合演了一齣都市動作喜劇。

　　在劇中，洪金寶與譚詠麟扮演一對刑警搭檔，為了調查同性戀被殺事件，假扮「基佬」（香港對男同性戀的俗稱）打入同性戀團體內部，從而引發了一系列插科打諢、嬉戲笑鬧的噱頭。這部《脂粉雙雄》中對於同性戀者有許多歧視性的描寫，自上映之後便廣遭一般大眾的詬病。

褲襪｜潛伏五百年 _{文／劉昕}

　　然而讓人意想不到的是，電影編導對同性戀的落伍觀念，卻誤打誤撞地為我們埋下了一顆彩蛋。透過它，我們居然能為一種現在已經跨入時尚行列的服裝正名，還能還原出一個長期蟄伏於時尚史中物件的本來面目。

　　這顆彩蛋就是《脂粉雙雄》的英文名字：「Pantyhose Hero」，直譯為《褲襪英雄》，其中的諷刺意味不言而喻。在電影的語境中，「基佬」是個異

裝癖，只有他們才會穿女人的緊身褲襪。不過歷史似乎和電影製作者開了一個玩笑。他們恐怕不知道，褲襪五百年前曾經堂而皇之地穿在男人的身上。請注意，這並不是某個以性別取向來劃分的特殊群體，而是穿在幾乎所有歐洲上流社會男性的腿上。

褲襪的五百年潛伏史

也許有人會發表異議，褲襪不是1959才出現的嗎？怎麼又會穿在文藝復興時代男人們的身上呢？的確，就現代的意義上而言，褲襪出現於1959年，由艾倫‧甘特的米爾斯紡織公司推出上市。根據艾倫‧甘特的兒子，小艾倫‧甘特的說法，他父親發明褲襪的過程充滿著愛與溫情。當年，老甘特和他妻子依賽爾參加完紐約的麥西感恩節遊行之後回家，懷孕的妻子遺憾地告訴丈夫說，這將是她近期的最後一次旅行。因為隨著肚子漸漸隆起，穿長襪時繫吊帶變得越來越困難。可是作為一位衣著體面的女士，她又絕對不能光著腳出門。

為了排解妻子的苦惱，老甘特決定要發明一種能把長襪和內褲結合起來的襪子。於是在同事亞瑟‧羅傑斯、J.O.奧斯丁和歐文‧康姆的幫助下，世界上首雙商品褲襪終於在1959年擺上了貨架。經過幾年的推廣，褲襪開始迅速進入各個階層女性的購

1587年希利亞德畫的這幅作品：《玫瑰花叢中的青年》，說明當年的貴公子無論上身穿得多華麗，下半身一定要穿上羊毛製的薄長襪。這種針織緊身褲襪在十五、十六世紀的歐洲風行一時，當時西歐的男性無不以能夠擁有一雙修長的美腿為傲，為突顯腿部的美麗曲線，即便所費不貲，有錢男士們依舊趨之若鶩。

三個身穿褲襪的女舞者。

物清單中。如今，哪怕褲襪的熱潮早已退去，但它一年的銷售量仍然能達到14億雙之多。在很多風氣相對保守的學校裏，褲襪更是女生制服必備的配件。

　　放下艾倫·甘特和米爾斯紡織公司是不是現代褲襪原創發明者的爭議（實際上在1956年，美國北卡羅來納州的歐尼斯特·萊斯曾經提交過一份名為「內褲與長襪的一體設計」的專利，其後他還為了捍衛自己的權益，與眾多被認為盜取他專利設計的人展開了漫長的官司），至少在老艾倫的感謝名單中，除了需要致敬的妻子、幫

助過他的同事和員工之外，還要添上一群為他提供靈感的古代歐洲人。但我們肯定不希望這份名單被影印出來——因為恐怕一部百科全書的厚度，也印不下這一長串的名字。

無論從現在的審美角度上看有多麼古怪，但歷史事實就是如此：從中世紀直到現代，在男士們外褲發明的這段過程中，歐洲很多地區上流社會的男士整天褲襪不離身。尤其是在十五世紀初期紡織業發達的義大利，緊身褲襪更是男士們的必備之物。當時，「時髦」的款式是彩色褲襪，甚至是將好幾種亮麗的顏色拼合在一條褲襪上，極為惹眼。這種傳統至今還保留在不少小丑節目的表演服裝上。

褲襪能如此長時間存活於歷史之中，可見它並不是哪個裁縫別出心裁的發明，它的出現是幾種不同文明所代表的生活方式，相互交融的結果。

十六世紀初，歐洲男子身穿滑溜溜的長襪。

超級市場中出售的連褲襪。

　　如果我們仔細考察古代埃及、希臘和羅馬的風尚，會發現一個很有意思的現象。這些環地中海地區的古老居民，似乎都是堅定的「長褲反對者」。埃及的天氣炎熱，按今天的眼光來看，當時不論男女著裝都很「暴露」。尤其是男性，不是袒露上身，下著超短裙，就是穿著背帶裙，雙腿基本上都是暴露在外面。而古代希臘和羅馬最有代表性的服裝，是披掛式長袍。長袍裏面是一件長內衣，長內衣裏面通常什麼也不穿，根本看不到一點褲子的蹤跡。

　　雖然古代埃及、希臘和羅馬人沒有身著長褲的習慣，但他們卻有襪子可穿。從古埃及陵墓中出土的壁畫上，就能找到不少穿襪子的細

節。而且根據這些壁畫的記載，古埃及人的襪子確實很「時髦」，他們為大腳趾單獨規劃出一個空間，以方便穿著夾趾涼鞋。有的學者認為古埃及人靠穿襪子來避免灼熱的沙粒燙傷雙腳。古希臘的工匠或者奴隸也會穿襪子，大致上也是出於保護的目的。

最早的褲子起源於馬背民族。在中國家喻戶曉的趙武靈王「胡服騎射」的典故中，就有趙武靈王將傳統的套褲（也叫脛衣，將兩條分開的褲管套在小腿上）改為褲襠與褲管相連的合襠褲的記載。而西方的情況也基本上相似，在不同文明的戰爭中，褲子開始向反對派陣營滲透，並且找到了最好的同盟——長襪。兩種代表各自生活方式的服飾開始逐漸合流，最終成為一體的褲襪。

尼龍：新時代的認證

無論是1410年的拿波里男青年，還是今天大都會街頭的時尚美女，他們身上的褲襪大同小異：款式都是從腰部一直覆蓋到腳底；風格都緊貼雙腿，顯現自然的身體線條。不同的是在十四、十五世紀，編織一條褲襪需要大量手工，所以褲襪的身價不菲，就算在紡織業發達的義大利、西班牙地區，它也是一種高貴身份的象徵。

穿著長筒襪的不僅是貴族，還有他的僕人。

從文藝復興到法國大革命的幾百年時間裏，雖然褲和襪時分時合，但在歐洲的宮廷貴族眼裏，緊身一直是恒定的審美標準，只有每天勞作的貧民才會穿寬鬆的長褲。隨著法國大革命的興起，平民的著裝品味開始抬頭，長褲短襪流行了起來，並慢慢發展成為今天通行的褲裝樣式。褲襪這才慢慢淡出了男裝舞臺。

由於機器時代的到來，褲襪從家庭作坊手工製造，變成工業生產的產物。

1589年，英國諾丁漢郡的威廉‧李發明了世界上第一台織襪機，1598年又改制成可以生產精細絲襪的針織機，從而徹底改變了襪子手工製造的歷史。

伴隨著機器製襪子的出現，棉、羊毛和絲等成為紡織襪子的主要原料，而過去和襪子有關的紡織品基本上都是麻製品。織襪機的問世使襪子的生產更加簡單，成本也更加低廉，英國的製襪業也開始興旺發達起來。為了保護本國經濟，當時的英國女王伊莉莎白一世甚至下令，凡有偷運製襪機，或者攜帶機器設計圖出境的人，一律處死。

到了二十世紀三〇年代，一種新型的環形編織機問世，這種機器使得衣服的縫製可以一體化，而不用像以前那樣先縫製單片然後再將各個單片連接在一起。於是襪子的生產也變得更加方便和簡單，無縫編織成為紡織界的技術新寵。

購買尼龍絲襪的女士。

　　不過，現代女士褲襪的助產士卻是另一項發明。它的出現，讓褲襪更薄、更輕、更具有彈性，從而和五百年前的老祖宗們真正拉開了距離。這項發明就是尼龍。

　　1926年美國杜邦公司的董事斯蒂恩，出於個人的興趣建議該公司開展有關基礎科學的研究。隔年，公司便決定每年支付25萬美元作為研究經費，並在特拉華州威明頓的總部所在地，成立了基礎化學研究所，年僅32歲的卡羅瑟斯博士受聘擔任該所有機化學部的負責人。1935年，該部門發明了一種名為「聚合物6.6」的合成纖維，這種纖維非常強韌、透明，有著絲一樣的外觀。1937年，杜邦公司為這種纖維

申請了專利。1939年，合成纖維第一次出現在紐約的世界博覽會上。為了紀念它的首次亮相，這種纖維就被命名為「尼龍」（Nylon）——因為「Nylon」的開頭兩個字母正是「紐約」的縮寫：NY。

這項從來沒有明確應用目的的基礎成果，到底能幹什麼呢？杜邦公司想到了一個妙招。

1939年10月24日，杜邦公司在總部所在地公開銷售尼龍材料製成的長襪。這種來自「煤焦油、空氣和水」，卻「像蜘蛛絲一樣細，像鋼絲一樣強，像絹絲一樣美」的新材料立刻引起轟動，被人們視為珍奇之物而紛紛搶購。雖然公司要求每人只能限買三雙，並要提供當地的住址，但混亂的局面還是迫使治安機關出動員警來維持秩序。而1940年5月

15日，當尼龍長襪首次出現在紐約的商店中的時候，限售變成了每人只能購買一雙。可是幾小時之內，超過四百萬雙尼龍絲襪便告售罄。大洋彼岸的日本蠶絲業，在這種人造纖維的衝擊下，遭受了史無前例的滅頂之災。

　　之後的故事，因為二次世界大戰而變得更富有傳奇色彩。由於戰爭的需要，尼龍工業轉向製造降落傘、飛機輪胎、簾子布、軍服等軍工產品。民間市場上，尼龍絲襪成了緊俏的商品。幾乎所有描寫戰時美國生活的作品中，都有大兵用尼龍絲襪向姑娘們獻殷勤的情節出現。二次世界大戰之後尼龍工業的發展更加迅速，尼龍以從絲襪、衣著到地毯、漁網等形式，出現在人們生活的各個層面。它被認為是二十世紀對人類生活影響最大的發明之一。尼龍的研究開創了高分子化學的研究領域，更為卡羅瑟斯博士的助手弗洛理贏得了1974年的諾貝爾化學獎。

　　正是有了尼龍這種新型材料的出現，褲襪這種蟄伏在時尚史中的服飾，才有了第二春，而且還打了個漂亮的翻身仗。

時尚範本的交替輪迴

　　雖然老艾倫的妻子對褲襪讚不絕口，但褲襪早期的銷量並不理想，甚至一度被誤認為是舞蹈演員們的專業演出服裝。到了二十世紀六〇年代，製造工藝的改良讓褲襪的成本進一步降低，彈性纖維的加入提高了褲襪的舒適度。而一位時尚偶像的熱衷，則讓褲襪真正邁上了流行舞臺。按照小艾倫‧甘特的說法就是：「當崔姬穿著

褲襪出現的那一霎那，你甚至都打不了烊。」

沒錯，她就是六〇年代風格的標誌性人物——崔姬Twiggy（Lesley Hornby），時尚史上第一位超級模特兒。

身高167公分，體重41公斤的崔姬，顛覆了很多人對女性美的成見。她非常瘦，像個小男孩，還頂著一個男孩一樣的髮型。她沒有女人玲瓏的身體曲線，甚至在大眼睛上又故意戴了三層假睫毛。可是當崔姬穿著色彩鮮豔的超級迷你裙，露出筆直的大腿出現在媒體面前時，敏感的記者們立刻意識到她的價值：這是多麼完美的一個反叛形象啊，她能成為所有想擺脫枯燥家庭主婦生活的女人們的偶像，那種沒有曲線的形象，簡直就是新一代職業女性自由與獨立的象徵。

大眾的反應完全應合著崔姬塑造者們的規劃。看到過崔姬照片的女性，本能地開始模仿起她的身材、她的頭型、她的衣著，甚至她穿的褲襪。而那些並不想原樣照搬別人衣著的女士們也無計可施。因為崔姬穿的裙子實在太短了，普通的長筒襪根本遮不住整個大腿，褲襪是唯一的選擇。伴隨著迷你裙銷量的增長，褲襪的銷量也一路走高。到了1970年的時候，褲襪的銷量首次超過了長襪，再次成為主流時尚的新寵兒。

BOX

崔姬本名萊斯利‧霍恩比（Lesley Hornby），1949年9月19日出生在倫敦北郊的一個中產階級家庭。15歲時，崔姬認識了尼格爾‧大衛斯，開始了自己的職業生涯。兩年之後，她成為這個世界上知名度最高的模特。

二十世紀二〇年代爵士樂來臨，「飛女郎」開始鍾愛短髮、黑絲襪、短裙的造型。

褲襪的熱潮並沒有隨著崔姬的隱退而消失。在女性大規模走出家門，奔赴工作崗位的七〇、八〇年代，褲襪成為了職業婦女裝扮時的必要配件，每個女性衣櫥裏都不可缺少一雙褲襪。如今，在很多人心目中「褲襪等於女性形象」的這個刻板印象，多半要歸功於這二十年來褲襪大紅大紫的結果。

　　九〇年代，褲襪的風光終於走到了盡頭，原因是女性職場氛圍的輕鬆化。不論是公司的工作氣氛，還是對職業女性的著裝要求，都開始向輕鬆休閒風潮轉化。穿套裝、短裙、露出雙腿，也不再是什麼「罪無可赦」的事件。有意思的是，在女性開始拋棄褲襪，轉而尋找其他替代品的時候，男士，尤其是身處歐美的男士們選擇穿褲襪的人卻變得越來越多。

　　究其原因，當然不會是像《脂粉雙雄》暗示的性取向因素，而是上班族發現女性絲襪輕薄貼身，冬天穿著的感覺格外舒適。而一些戶外運動愛好者，也覺得褲襪比起老舊厚重的棉褲輕便許多。這些好處讓不少歐美男性樂於找回他們丟棄了兩百多年的愛好，或者說其實在他們的基因裏，對褲襪的喜愛從來沒有消失過。

　　如今，褲襪在大眾心目中的形象慢慢發生著轉變，不是被視為過時的標識，就是被當作體現個性的裝飾品。澀谷、原宿這樣的時尚發源地，能看到不少女孩身穿彩色褲襪，向觀眾和路人揮灑著自己的青春與活力。這一幕和文藝復興時期的年輕男性如出一轍。看到如此情景，誰又能說時尚不是個巨大的交替輪迴呢？

「想稱讚一個人，就誇獎他的鞋子」，這似乎是個古今中外、男女老幼通用的法則。古有著名的荷馬史詩《伊里亞德》，其中這樣描寫他們的國王：「阿伽門農從睡夢中醒來，神的聲音縈繞在耳邊。他坐起身來，穿上漂亮柔軟的新襯衣，披上寬大的罩衣，繫上閃亮的繩鞋，佩戴上鑲嵌銀釘的短劍，拿起祖傳的永不磨損的王杖，然後大步前行，巡視著身披銅甲的阿開奧斯人的漁船。」

高跟鞋｜十釐米上的風景

文／劉昕

　　而眼前，《慾望城市》等等舶來的影視作品，無時無刻不在告誡都市女性們，就算生活再拮据，也不要虧待自己的鞋櫃，就算預算再緊俏，也要給自己添置一雙高跟鞋——因為它必定會惹來女伴和男士們的讚美與欣賞，絕對物超所值。

　　不要以為女人對高跟鞋的愛是從成熟期才開始。事實上，這種愛早就滲入了女性基因當中。「士為知己者死，女為悅己者容」，如果能在十秒鐘裏變得高挑和妖嬈，有幾個女人會放棄這樣的機會？這就是高跟鞋的魅力。

　　十釐米之上，有的不止是豔羨的目光和性感揮灑，更多的是女性對雕塑自身體態近乎癡迷的追求。

石器時代的時髦

　　人類迷戀鞋子的歷史，如今要以「萬年」為單位計算。早在幾萬年前的石器時代，人們就開始告別赤足的歲月。在距今有15000年歷史的西班牙岩洞壁畫中，清楚地描繪著，人類將自己的雙腳用動物皮毛圍裹起來的情景。考古學者發現最早的鞋子實物，屬於古印度人所有（據考證是後冰原時期從亞洲移居美洲的史前民族）。在美國西南部發現的古代人類遺跡中，總能找到殘留下來的鞋子，樣子和如今流行的涼鞋別無二致，但時間上卻已經歷了上萬年。

　　毫無疑問，鞋子本來就是以保護性服飾的面貌進入人類服裝歷史的，它的使命是在惡劣的天氣和地形條件下守衛人類的雙腳。可是不論一種服裝的興起是否歸功於實用性，最後它都會成為象徵身份的裝飾品，縱觀時尚史，幾乎無一例外。當然鞋子也沒能倖免。

　　在古代埃及，鞋子是高貴身份的標誌，奴隸們和下層階級基本上都是赤足行走。貴族們穿的鞋子多是由皮革拼接或是由莎草編織而成，並帶有獨特的飾帶裝飾，形狀和古埃及另外一種代表性符號——T形十字章（在古埃及的信仰中象徵著生命）很類似。

　　到了古希臘和羅馬時代，鞋的樣子基本上已經固定下來了，平底綁帶涼鞋成了希臘、羅馬文化一脈相承的見證，而且流行至今。古希臘、羅馬時代的製鞋工藝已經相當高超，製鞋所用的皮革事先都經

過明礬鞣製，還經由動植物脂肪進行加脂處理，有的還增加了漂白、染色的工序，這些古代工藝與如今的製革業流程幾乎大同小異，經由這些繁複的工序所製作出來的鞋子，想必價格昂貴。而且當時鞋匠這個行業，已經能為居民提供不輸於今日「高級定製」般，品質優良的服務了。牛津大學阿士莫尼博物館內就重現了一幕鞋鋪裏的場景：鞋匠根據面前顧客的腳形切下一塊皮革，然後為他製作一雙合腳的鞋子。

有意思的是，如今讓女士們趨之若鶩的高跟鞋，在古埃及、希臘和羅馬的日常生活中，居然都能找到雛形。當然，此時說它們是「高跟鞋」，還不如叫它們「厚底鞋」更為恰當。古代埃及上層階級的男女都會穿著高跟鞋，後世的研究者認為這種裝扮和祭祀儀式有關。而古埃及另一個穿高跟鞋的階層，恐怕會讓今天的時髦女性跌破眼鏡。他們是——屠夫。高跟鞋能讓他們在動物的血水上自由行走而不弄髒鞋子和雙腳。古埃及時代一雙鞋子的價格不菲，穿高跟鞋也算屠夫們精打細算後的理性選擇吧。

古代希臘流行一種高跟鞋，它的底部由厚實的軟木製成，在演員中很受歡迎。這是因為進行戲劇演出的時候，演員們經常靠穿著不同高度的鞋子來區分角色的社會地位，和在戲裏的重要程度。古希臘的演員們是否和今日的女士一樣，通過保持高跟

羅馬式平底綁帶涼鞋。

鞋的平衡來達到雕塑體態的目的，讓演出更具戲劇效果呢？答案我們已經不得而知了。

高跟鞋的社會史

高跟鞋到底能做到多高？威尼斯人的答案是30英寸（1英寸為2.54公分），大約是76公分！不過，高度並不全在鞋跟上，而是分攤在整個底部。這種高底鞋本來是土耳其人的傑作，十五世紀開始在歐洲流行起來。當時的威尼斯人對它尤其喜愛，並不斷為鞋子增加高度，以至於來到威尼斯的異鄉人無不驚訝於這裏的貴婦的穿著打扮彷彿雜技演員一般。一位旅行者幸災樂禍地寫道：「這是丈夫為了給自己老婆偷情增加難度而想出的點子。」話說的雖然刻薄了點兒，卻也並非全無道理。因為如果考察世界歷史，便會發現這種高底鞋和中國古人欣賞的「三寸金蓮」簡直如出一轍，連鞋子的款式都很相像。與高底鞋在威尼斯風靡一時相似，纏足在中國也曾流行過很長的時間。有很多學者推斷，高底鞋和纏足的風行，不僅僅是審美觀的問題，更能有效達到限制女性自由行動的實際效果。

放下是否和阻止偷情有關不說，威尼斯人倒是真的把穿著高底鞋當作身份地位的標誌看待。這很好理解，穿著幾十公分高的鞋子，別說幹活了，連行動都

油畫《羅馬人的決策者》，畫中人物腳上穿著平底綁帶涼鞋。

要人服侍。如果沒有僕役跟隨或者帶著手杖，貴婦人們根本無法上街。而且這種木底鞋質地也不是十分堅固，每次上街都要冒著鞋底四分五裂的風險。再加上價格昂貴，換鞋的費用自然也不是普通老百姓能負擔得起的。高底鞋最後淪為上流社會與貧民階層重要的區別標誌，這也在情理之中了。

雖然有高底鞋這種偽高跟鞋限制人們的自由，但讓人覺得不可思議的是，真正意義上的高跟鞋卻是為了保障人們騎馬時行動便利而產生的。這首先要歸功於十六世紀鞋款設計的革新——原本單一的鞋底變成了兩個部分：鞋底和鞋跟。不要小看這個發明，它讓鞋底有了起伏，凹陷的部分正好能卡住馬鐙，方便騎士們在高速運動中能夠牢牢控制坐騎。

荷蘭木鞋。

李奧納多．達文西（Leonardo da Vinci，1452年4月15日~1519年5月2日），是義大利文藝復興時期最負盛名的藝術大師。他不但是一位大畫家，同時還是一位數學家、音樂家、發明家、解剖學家、雕塑家、物理學家和機械工程師。在文藝復興時期在多項領域中擁有博學者的稱號，他無窮的好奇心與取之不盡、用之不竭的創意，使得他成為文藝復興時期最負盛名的學者專家。在繪畫領域中他與米開朗基羅、拉斐爾並稱為「文藝復興藝術三傑」。

達文西最為人所稱道的重要繪畫作品包括：《抱銀貂的女子》（Lady with an Ermine；1488年~1490年）、《最後的晚餐》（創作於1498年，現藏於義大利米蘭葛拉吉埃修道院（Santa Maria delle Grazie）、《聖母子與聖安妮、施洗者聖約翰》（The Virgin and Child with St. Anne and St. John the Baptist；1499年~1500年）、《蒙娜麗莎》（創作於1503年~1507年，為法國巴黎羅浮宮的鎮館之寶）、《聖母、聖子與聖安妮》（The Virgin and Child with St. Anne；1510年）等。

這個據說由李奧納多・達文西想出來的高跟鞋設計方案，在義大利地區迅速流行開來。而它帶來的麻煩則是：雖然鞋底和鞋跟已是兩個部分了，但它們依然是一塊木頭整體雕刻而成。由於鞋子的需求量巨大，鞋匠們沒時間去仔細打造一雙對稱的高跟鞋，於是乾脆發明了能同時適合左右腳的「直鞋」。後來，這種充當權宜之計的直鞋一度消失，沒想到在十九世紀初期再度流行回來，只是當時恰逢高跟鞋流行的黑暗期，僅僅被當成一種聊勝於無的代用品罷了。

凱薩琳的高跟鞋

　　高跟鞋最早出現的時候，後跟不過2～4公分高，和現在的牛仔靴相似。不過很快地，人們就發現了它有調整體態的神奇功效，鞋跟的高度也

《王妃 瑟琳・德・梅迪奇肖像》凱薩琳・德・梅第奇（Catherine de Médicis，1519年4月13日~1589年1月5日）。法國國王亨利二世的皇后以及之後三位法國國王的母親。

開始漸次提升。這裏有必要提到一位對高跟鞋發展做出了卓越貢獻的女性，一個現實版「水晶鞋故事」的女主角。拜她所賜，今天高跟鞋才能帶著讓女士們麻雀變鳳凰的光環，一直屹立在流行時尚的浪尖。

　　她就是著名的梅第奇家族的傳人：凱薩琳‧德‧梅第奇（Catherine de Médicis）。她對藝術的品位和她對奢華生活的追求，影響著世世代代法國人的時尚觀念。1564年她在楓丹白露舉辦的皇家宴會以奢華聞名於世。她尤其精通建築。建築大師Philibert de l'Orme曾經描述過，凱薩琳皇后曾經和他一起討論如何裝修杜伊勒里宮的計劃。凱瑟琳的美學政策曾經印製成書籍，其中最有名的就是《生活的絕妙論說》，由皇后 瑟琳‧德‧梅迪奇主編。

　　年僅14歲的時候，凱薩琳‧德‧梅第奇就被許配給當時法國最有權勢的奧爾良公爵，王位繼承人亨利。可是，在這椿政治婚姻中，她並不佔優勢。首先，因為她的身高不到150公分，太過矮小，而且怎麼也不算不上是個美女。威尼斯人形容她：「身材矮小，瘦弱，更沒有嬌美的容貌」。另外，當時亨利正迷戀著他的情人——年屆48歲高齡的戴安娜‧德‧普瓦泰。為了能贏得奧爾良公爵的青睞，順利地從王后爭奪戰中勝出，凱薩琳命令鞋匠為自己的婚禮製作一雙有著兩英寸（一說為四英寸）高跟的鞋子。這雙由佛羅倫斯修道院生產出來的高跟鞋，既增加了新娘的身高，又把凱薩琳的體態襯托得輕盈飄逸，在加上華麗的結婚禮服，讓凱薩琳在法國人面前出盡了風頭。

　　就這樣，凱薩琳靠著從義大利帶來的時髦高跟鞋，成功俘虜了王儲，並最終成為法國的皇后。丈夫亨利二世去世之後，她又統治

了法國十幾年。凱薩琳將香水工藝、美食、藝術等等從義大利帶到法國，為法國時尚文化的勃興指引了方向。我們甚至可以這樣說，如果沒有這位踩著高跟鞋走進法國宮廷的義大利女人，法國引以為榮的時尚文化，斷然不會是今天這般模樣。

葡萄牙國王約翰一世的兒子，穿著當時流行的皮靴。

1847年的木刻版畫，當時的製鞋商舖。

　　時尚「上行下效」的威力實在驚人，「凱薩琳的高跟鞋」彷彿是一個榜樣，刺激著歐洲人爭先效仿。「well-heeled」（「好」與「鞋跟」的組合）這個辭彙甚至被直接拿來指稱擁有權力和財富的人。而到了太陽王路易十四時，高跟鞋的威力可說發揮到了極致。他本人就是一位高跟鞋的發燒友（在當時的歐洲，高跟鞋男女都可穿著），經常穿著一種設計複雜，有超過四英寸高跟的鞋子，引來無數貴族婦女的跟風。路易十四之所以酷愛高跟鞋，可能和他身材不高有關，他後來下令只有貴族才能夠穿著紅色高跟鞋，而且誰的鞋跟都不能比國王本人的高。於是人們給這種高跟鞋命名的時候，直接管它叫「路易」。

　　正是在路易十四身體力行的推廣下，高跟鞋在法國，甚至整個歐洲，都成為上流階層必備的服飾。而且當時受洛可可風潮的影響，鞋跟越來越高，設計也越來越纖細精巧，極為女性化。這樣，越來越多的人將高跟鞋直接和女性專屬的緊身胸衣聯繫起來，同時也與「性與色情」聯繫起來。穿高跟鞋形成的高足弓也成為不少作

家玩味的對象。這種因高跟鞋而引發的性幻想，使得不少保守的女性開始擔心起來，於是她們在高跟鞋的鞋面縫上飾帶，希望能減少腳部裸露的程度。這甚至影響到了美洲大陸的清教徒。麻薩諸塞州殖民地曾經通過一條法律，禁止女士穿著高跟鞋，否則她們就會被當成引誘男人的女巫。

不過，禁令顯然難以達到消滅高跟鞋的目的。如果從古代埃及開始算起，高跟鞋在人類發展的文明歷史中，幾乎從未缺席過。在高底鞋流行的時候，西班牙每年木材產量的最大部分，都用來製造鞋底，也依然擋不住需求量的持續增長。將高跟鞋和性直接相連，雖然在短時間內能削減部分女性對它的渴望，卻為今天高跟鞋的長盛不衰，埋下了伏筆。

在大革命中死去

就在高跟鞋風潮正如火如荼的流行之際，十八世紀末，它卻突然遭受了一場滅頂之災。起因就是轟轟烈烈的法國大革命。1793年10月16日，法國國王路易十六的妻子，瑪麗‧安東尼走上了斷頭臺。據說瑪麗皇后被推上斷頭臺時，不經意踩到刀斧手的腳面，脫口說出：「對不起，我不是故意的。」然後，穿著她那雙兩英寸高的優雅高跟鞋，結束了自己的一生。

高跟鞋在法國民眾面前的這次亮相，既無足輕

腳穿高跟鞋的太陽王路易十四。

重又耐人尋味。當時，斷頭臺下的人們沉浸在推翻帝制的激動中，有幾個人會在乎死去皇后腳上的鞋子？讓人意想不到的是，伴隨著瑪麗皇后的死，高跟鞋黯然退出了流行舞臺，從此沉淪了半個世紀。

革命者要推行人人平等的政策，高跟鞋作為貴族的象徵，自然失去了生存的空間。從凱瑟琳‧德‧梅迪奇將高跟鞋帶進法國宮廷，到瑪麗‧安東尼穿著高跟鞋為波旁王朝殉葬，歷史彷彿刻意為高跟鞋畫下了一個完美的句點。五十年之後，當人們已經開始漸漸忘卻高跟鞋的時候，伴隨著工業革命的汽笛轟鳴，它居然再次回到了時尚的前沿。這時候，高跟鞋已經退卻了王室和貴族的印記，充滿著市民階層的審美樂趣，從代表特權階級的符號，早已幻化成了美麗與妖嬈的引信。引爆女人體態魅力的高跟鞋樂章，這時不過才剛剛要進入亮麗綽約的時尚舞台正中央。

雖然人類目前發現的最古老的鞋子距今有一萬年，但是最新研究顯示，早在四萬年以前，人類就已經開始穿鞋了。不過，也有科學家認為：穿鞋走路是人類進化的敗筆。

穿鞋與不穿鞋的不同

近日，美國科學家在《考古科學雜誌》上撰文聲稱，雖然人類目前發現的最古老的鞋子距今只有一萬年，但是最新研究表明，早在四萬年以前人類就已經開始穿鞋了。

人穿鞋 | 向前走？向後走？

文／張海鵬

這個結論是由美國華盛頓大學聖路易斯分校的人類學家艾力克·特林考斯提出的。在此之前，科學家們就發現人體骨骼的形狀、大小與它們長期以來承受的力量有關。美國加州大學教授提姆·韋弗說：「至少從某種程度上看，骨骼反映了一個人一生中所承載的壓力。如果你在體育館工作，不僅你的肌肉更強健，你的骨骼也會更粗大。」世界各地的古人類考古發現都顯示，古人的腿骨、腳趾骨都較現代人粗大，

原因就在於，當時自然環境非常惡劣、生產力水準極其低下的情況下，人們為求生存，不得不進行更多的行走、攀援和負重等動作。

特林考斯是世界上第一個研究時尚如何改變人類體型的科學家。從2005年起，他就開始進行關於人類腳趾變小之類的研究，獲得了很多關於鞋子如何改變人們行走方式的資料。特林考斯發現，在距今四萬年前，人類的腿骨仍然非常粗壯，但是腳尖卻開始變小。腿骨沒有明顯變化，而只是腳尖變小，唯一的解釋就是人類開始穿鞋了。這項發現將人類開始穿鞋的歷史向前推進了三萬年。

美國紐澤西州魯特捷斯大學人類學家蘇珊‧柴契爾也指出，穿鞋確實會對人腳的形狀和大小產生明顯的影響。研究發現，經常穿鞋與不常穿鞋的人，腳趾之間也會存在明顯的區別：經常穿鞋而且鞋子過緊的人，很容易患上拇趾囊腫症，造成拇趾的骨頭或軟組織疼痛、腫大；相反，不常穿鞋的人，腳會變得很寬，而且拇趾與其他四趾間的距離也會大些。儘管如此，柴契爾並不完全贊同特林考斯的這個斷定。她指出，其實在三、四萬年前的時候，人類並不只是腳趾骨開始變小，四肢的骨骼也開始變小。這說明人類當時行走等動作已有所減少，大概是由於生產力的發展導致社會分工的結果，人們再也不必像他們的先人那樣辛苦忙碌的活動才能果腹。當然，也有可能是當時真的出現了鞋子，但是現在還需要更多、更有力的證據來證明這一點。

淌過歷史長河的鞋

在人類歷史的初期，人們都是「赤腳大仙」，他們光著腳板，奔

走在原始森林、草原和海邊，忍受著腳下的荊棘、尖石，有時則是滾燙的地面。後來，在遙遠的非洲南部海岸，離印度洋不遠的克拉西斯河河口，穴居的雙倍智人發明了服裝——用醃制過的動物皮毛製成的衣服。而為了保護腳底板，他們就一把揪過手邊的任何東西，比如說樹皮、大樹葉，或一束束的野草等，用堅韌的藤條或長草捆紮在腳底。行了！就這樣，人類最早的鞋子誕生了，它雖然不是很美觀，卻很實用。之後（也許是之前）的幾萬年裏，這種最原始的鞋子相繼在世界各地出現。

後來，人們在長期的實踐中又發明了涼鞋。涼鞋基本上包括兩種形式：一種是以棕櫚、紙莎草或野草編結並用植物纖維連結成環，套在腳趾上，這種鞋子被廣泛發現於北美洲等地；一種則是從經過處理的皮革上切割下一塊，沿著邊緣在上面鑽孔，然後穿上一根皮帶，皮帶可以像繩子一樣拉緊，把鞋子拉到位。在秘魯帕恰卡馬克的安第斯山脈的深谷中，考古學家在一座木乃伊的墳墓中發掘出這種最古老的涼鞋。據估算，這雙涼鞋已有近千年的歷史，其製作用的材料是美洲的駝皮。

隨著生產力的發展，人類開始進入階級社會，而鞋子也開始被冠上階級的烙印。考古學家曾在「雄鷹之城」赫拉克勒波利斯的一座廟宇中發現一

古埃及人鞋底繪的奴比亞人和亞洲人。象徵著每走一步都在踐踏敵人，穿著鞋必定戰勝宿敵。

塊石板，這塊石板也是已知最早的埃及文字的例證，上面有一張最古老的關於涼鞋的圖畫。這塊石板的一面是國王正在懲罰一個下跪的敵人，另一面是國王正大踏步地赤足跨過十個沒有頭顱的屍體。但無論國王走到哪兒，都有一個侏儒般的僕人跟隨著他，手裏捧著一雙花俏的涼鞋。這雙涼鞋也許正代表著國王的權力。

後來，人們又發明了皮靴。說起皮靴的發明，要歸功於兩種人：士兵和生活在寒冷地帶的人們。

在人類漫長的戰爭史中，士兵們要隨時準備好進行長途跋涉和奔跑，經常要跋山涉水、披荊斬棘，怎麼來保護雙腳呢？皮靴顯然是不錯的發明和選擇。兩千多年前，古希臘的斯巴達戰士就穿上了紅得耀眼的皮靴（紅色的目的是為了遮掩傷口流出來的鮮血）。這種紅皮靴很快在瘋狂的斯巴達青年中流行開來。而很多學者都堅信，皮靴發明的時間遠在這之前。

在寒冷的北亞和北冰洋周圍地區，皮靴至今仍是人們生活和生存的必需品。對於生活在這些寒冷地帶的人來說，如果不能保持腳部的乾燥和溫暖，將意味著死亡。於是，生活在北極圈內的因紐特人學會了用巨熊腿皮和熊掌製作皮靴，日本北海道的土著則學會了用鹿皮做皮靴，而阿拉斯加近海的土著居民，則學會了用北美馴鹿和海豹的皮革製作冬

清末，賣蘆花靴。

天用的皮靴。而為了製作最好的防水皮靴，薩摩耶德人使用了海豹皮，把帶毛的一面翻在外面。俄羅斯極東部的堪察加爾半島，冬天十分寒冷，夏天則涼爽多霧，堪察加爾人用魚皮做成的皮靴是在霜凍的情況下穿著，這種皮靴在饑荒時還可以煮來充饑。

　　皮靴發展到後來，皮鞋就誕生了。關於皮鞋的發明者，已很難考證，因為皮鞋的發明很可能是許多人，甚至幾代人不斷摸索的結果。但很多中國人認為，皮鞋的「原產地」就在中國，這當中還有段有趣的故事。相傳戰國時代，著名軍事家孫臏年輕時與龐涓一起拜鬼谷子為師，學習兵法。後來龐涓在魏國當了將軍，孫臏去投奔他。龐涓深知自己的才能不及孫臏，就暗施陰謀，藉故對孫臏施以臏刑（挖去膝蓋骨），致其殘廢，並加以軟禁。後來，孫臏逃到齊國，並得到齊威

王的信任，被委任為軍師。孫臏為報龐涓斷足之恨，親自指揮操練十萬精兵。但苦於雙腳不能行走，又不能支撐起來，孫臏就以原始皮鞋為基礎，設計了有脛甲（鞋幫）和鞋底兩部分的製鞋圖樣，刻制木楦，由鞋匠使用較硬的皮革，照圖樣縫製成一雙「高甬子履」。這雙高腰皮靴，分成「幫」和「底」兩個部件，是現代皮鞋的雛形，可算是世界上皮鞋的始祖了。

孫臏穿上這雙皮鞋，依靠較硬的靴幫和鞋的支撐力便可以行動了。他於是乘車指揮十萬大軍，以「批亢搗虛」、「疾走大梁」、「攻其必救」的戰法出奇制勝，大破魏軍，戰勝龐涓。這就是歷史上著名的齊、魏「桂陵之戰」。孫臏創造出第一雙幫底縫合的皮鞋，是製鞋史上的一大創舉。後來的一些製鞋名師為了紀念他，便將孫臏畫像掛在家中，寄託懷念之情。那時候，凡掛有孫臏畫像的人家，都是以製鞋為業的。孫臏也因此被後人推崇為「製鞋始祖」。

隨著時代的發展，人們越來越不滿足於鞋子僅有的護腳功能，設計師們開始把鞋子做得越來越時尚。十六世紀前期，繼厚鞋底的時尚 鞋之後，一位無名的義大利鞋子設計師，發明了最早的現代高跟鞋。這位設計師為即將赴法國與奧爾良公爵完婚的凱薩琳・德・梅第奇設計了一雙特別的鞋子。鞋子的前面是軟木楔子，後跟較高，這就讓凱薩琳有了她需要的

身高，能夠直接地盯著她未來的丈夫了。奧爾良公爵後來成了亨利二世國王，高跟鞋也跟著火爆流行起來。鞋匠們開始為左、右腳製作不同的鞋底。法國人把這種新式高跟鞋具叫做「橋鞋」（因為鞋底呈拱形）或「嗒嗒鞋」（鞋子在走路時發出的聲音）。然而，這種軟木或木頭製作的鞋子鞋跟高三、四英寸，有的甚至高達五英寸，穿高跟鞋的女性腿部很容易腫，而且為了不致跌倒，女人們走路時不免得像踩高蹺般地晃來晃去。

人類進化的敗筆？

大多數人都認為，是鞋子有力地保護了我們的雙腳，並伴隨人類步入了文明社會。從最原始的草鞋到時尚的高跟鞋，鞋子的發展史恰

鬼谷子，姓王名詡，春秋時期的人。常入雲夢山採藥修道，因隱居清溪之鬼谷，故自稱鬼谷先生。 鬼谷子為縱橫家之鼻祖，蘇秦與張儀為其最傑出的兩個弟子（見《戰國策》），另有孫臏與龐涓亦為其弟子之說〔見《孫龐演義》〕。

縱橫家所崇尚的是權謀策略及言談辯論之技巧，其指導思想與儒家所推崇之仁義道德大相徑庭。因此，歷來學者對《鬼谷子》一書推崇者甚少，而譏詆者極多。其實外交戰術之得益與否，關係國家之安危興衰；而生意談判與競爭之策略是否得當，則關係到經濟上之成敗得失。即使在日常生活中，言談技巧也關係到一人之處世與為人之得體與否。所謂「智用於眾人之所不能知，而能用於眾人之所不能。」潛謀於無形，常勝於不爭不費，此為《鬼谷子》之精髓所在。

恰反映了人類社會的進步。但是也有科學家認為，穿鞋走路存在著隱患，是人類進化的敗筆。這無疑又讓人們大吃一驚。

事實上，就在特林考斯發表他的觀點的一個多月之前，《紐約》雜誌的亞當斯‧特恩伯格發表了一篇文章，觀點就是：穿鞋走路有隱患。他指出，穿鞋行走會損傷腳和脊骨。據作者自己介紹，他在一年前買了一雙五指鞋，這種鞋子俗稱赤腳鞋，模擬正常的赤腳原理，對腳沒有任何損傷。在穿著它走過很多的城市和村莊之後，亞當斯發覺，穿上這雙赤腳鞋之後，自己的膝蓋、背還有腳底都非常舒服。

2006年，一組來自芝加哥醫學院病例診斷學的醫學人員發起了「膝蓋內收運動」的研究，主要研究關節炎發作時膝蓋關節是什麼狀態。多年以來，醫學人員針對患有膝關節炎的病人進行實驗，讓他們穿有填充物的鞋，目的在於減小對膝蓋關節的壓力。膝蓋內收運動中，他們還試圖讓病人穿吊帶褲用來矯正膝蓋，但是結果都不理想。參與研究的醫學人員做了很多不同的嘗試，其中包括讓病人穿鞋子走路，再赤腳走路，然後每段時間都會測量病人膝蓋承受壓力的情況，最後他們驚訝的發現，人們赤腳走路對膝蓋所產生的壓力，比穿鞋子走路所產生的壓力要少12%。

馬賽克鑲嵌畫：西奈山上，摩西按照上帝的旨意脫下鞋子，因為上帝說其站立之地是聖地。

end

　　這又是個讓人們吃驚的結果。看來，人類經歷四百萬年的進化才發展成的完美足部，著實是因為人人都去穿鞋子而遭到了破壞。而更滑稽的是，穿鞋的最初和基本目的就是為了保護自己，卻沒想到，一直以來都是在南轅北轍的認知兩端：足部沒有保護好，卻又對膝蓋、脊椎等身體的其他部位造成了損傷。

　　當然，也不是人人都喜歡穿鞋的。1960年羅馬奧運會馬拉松比賽，著名的埃塞俄比亞（Federal Democratic Republic of Ethiopia）「赤腳大仙」阿比比，就以赤腳跑完全程贏得了冠軍。而從現在來看，在世界各地尤其是大都市裏，赤足族正逐漸地在增

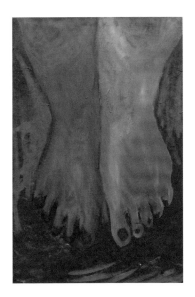

多，他們都視赤足為回歸自然、靠近真我、自由自在、不拘一格的生活方式。

　　也許，過不了多久，世界上又會掀起一股赤足潮，赤腳鞋也可能因此而迅速地風靡全球。

黃可萱繪。

　　古希臘人在佈陣上重右輕左，人們右腳赤裸不穿鞋，左、右是否在古希臘人的觀念中有著特殊的意向？

脆弱的右翼

　　西元前404年，伯羅奔尼薩斯戰爭結束，斯巴達人的鐵蹄踏遍了整個希臘，建立起無可動搖的霸權

鞋的迷思 |
為何古希臘人右腳不穿鞋 文／徐嫻

統治。位於維奧蒂亞（古希臘中部地區）的城邦底比斯在伯羅奔尼薩斯戰爭中，因與斯巴達結盟而實力大增，蠢蠢欲動的底比斯在統帥伊巴米農達的率領下，聯合雅典、科林斯等重要城邦結為維奧蒂亞同盟，向斯巴達人發起進攻。但戰事並未如伊巴米農達想像那般順利，斷斷續續打了十餘年，仍與對方保持拉鋸狀態。

　　西元前371年，維奧蒂亞同盟與斯巴達的和平談判破裂。斯巴達國王阿格西勞斯二世大怒，親率數

萬大軍侵入維奧蒂亞境內，在底比斯郊外的留克特拉安營紮寨，大戰一觸即發。一時之間，底比斯全城上下人心惶惶。

阿格西勞斯二世的大軍絕非等閒之輩，他們不僅擁有當時最先進的三列槳戰船，還有一萬名在伯羅奔尼薩斯戰爭中被各國視為「戰神統領」的重甲步兵，而伊巴米農達率領的底比斯軍只有六千多人，騎兵數百，人數與裝備都不佔優勢。在顯而易見的優劣對比之下，伊巴米農達對自己的部隊進行了創新的編制。在古希臘佈陣傳統上，各個戰鬥方陣會排成一條橫線，精銳都彙集於右翼。斯巴達人也是如此，方陣右翼為一支由700位精銳戰士所組成的先鋒部隊，而裝備較弱的部隊則置於左翼，這一重右輕左的方陣策略，曾使斯巴達人在伯羅奔尼薩斯戰爭中戰無不勝。而伊巴米農達此次卻一反常態，將由底比斯青年貴族組成的精銳部隊調於左翼鋒面，並將左翼列數由傳統的八至十二列改為五十列。戰鬥開始，底比斯方陣中加強了的左翼在騎兵的護衛下以驚人速度衝向斯巴達軍隊，而較弱的右翼則向後撤退，形成斜線戰術，完全打亂了斯巴達人的步兵排序。斯巴達精銳戰士被殺得四散奔逃，700人先鋒中有400人被殺，重甲步兵損失約4000人，而底比斯軍只有300人陣亡。這個史稱「留克特

留克特拉戰役，左圖中上面為斯巴達傳統重甲步兵的戰役排序與進攻方向，下面為伊巴米農達對付斯巴達的策略：其左翼極其強大，主動向前進，而較弱的右翼

則向後撤，形成斜線戰術。紅色代表方陣裏的精銳部隊。星號標記為該方陣的統帥。

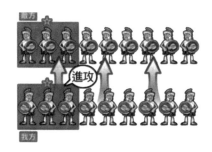

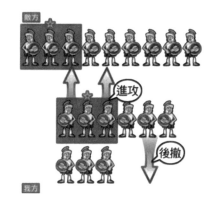

拉戰役」的成敗，埋下了斯巴達王國衰落的伏筆。

　　十年後伊巴米農達率領底比斯三萬步兵進攻斯巴達，以同樣的佈陣方式在曼蒂尼亞地區，大敗仍然維持重右輕左策略的斯巴達騎兵部隊，使斯巴達王國從此一蹶不振，結束了這個赫赫王國在希臘的稱霸史。然而，伊巴米農達在這場戰役中卻不幸中箭身亡，他的墓誌銘上留下了這樣的詩句：「斯巴達的榮譽被我的戰略抹去，伯羅奔尼薩斯的版圖徹底改組。」

　　後世的史學家們不禁發出這樣的疑問：驍勇善戰的斯巴達人為何採用重右輕左的佈陣策略？為何在留克特拉一役慘敗十年後，斯巴達人仍不能汲取教訓？「左、右」，在古希臘人的頭腦中是否佔據著不一樣的概念？無獨有偶的，西元前427年，位於雅典和底比斯之間、一

直保持中立的雅典保護城普拉提亞遭到底比斯軍隊的侵擾，城內居民被迫往外逃。依古希臘戰爭史典籍記載，所有衝出重圍、逃離家園的普拉提亞人全部都只有左腳穿鞋、右腳赤裸！這又是何故？《伯羅奔尼撒戰爭史》的作者，傑出的古希臘歷史學家修昔底德在他的著作中對此有如下的解釋：「不穿鞋的右腳，比穿行軍草鞋的左腳更能適應環境，讓他們不至於在雨後的泥濘中被絆倒。」若我們承認這個說法具有合理性，那麼，為何只是右腳呢？修昔底德沒有回答這個疑問，古希臘史學家們也對這樣的情形，保持沉默。

公元前五世紀，古希臘陶瓶雕繪。圖中描繪接受軍事訓練的青年將劍帶拉至肩上，他的腳邊放著頭盔和盾牌。

展示雅典人生活各種
層面的繪畫，其中包
括彈琴、讀書等。

神話研究新思路

　　2006年，76歲的法國歷史學家維達─納格去世，這位古希臘史學權威，生前曾嘗試將希臘神話與史實相結合，在《荷馬史詩》等神話著作中，搜尋證據以解釋歷史現象，儘管希臘神話史學研究，由於在某種程度上打破了「立足史實」的研究傳統，屬於正處在萌芽階段的邊緣學科，但維達─納格在神話故事中，為一些無法解釋的歷史現象，尋找切入點的獨特方法，仍然激起人們的濃厚興趣。

　　比如說，在古希臘傳統中，18～20歲的雅典青年男子，在從戰場

《雅典學院》，1509年，梵蒂岡簽名廳壁畫。拉斐爾依據古典作家對亞里斯多德學校的描述而創作。

上凱旋歸來時，總要身披一件黑色短斗篷。對此，維達—納格引用忒修斯的故事作出如下的解釋：

　　古希臘神話中的著名英雄、埃勾斯之子忒修斯接受挑戰，前往克里特島迎戰牛頭人身的怪物米諾陶諾斯。出發前他與父親約定，如果成功殺死了怪物，就在返回的船上懸掛一面白帆。忒修斯借助愛人贈予的線團，在米諾陶諾斯的迷宮中，成功地將怪物殺死，並順利走出迷宮。然而，就在快要抵達故鄉的船上，因疲倦而睡著的忒修斯忘記了要把船上的黑帆換成白帆，結果，登高遠眺的埃勾斯誤以為兒子已死，在絕望中投海自盡。神話故事影響到現實社會，為紀念兩父子，黑帆便演變成雅典青年凱旋時所披掛的黑色短斗篷，亦成為英雄孝義的象徵。

　　古希臘神話是反映希臘社會的一面鏡子，神話傳說也自然而然地成為希臘人生活、勞作、戰鬥中許多傳統習慣的來源。埃勾斯之死與黑斗篷由來，其解釋合情合理，因而也被歷史學界所接受，神話和歷史，界線從此不再分明。那麼，用神話還能解釋其他的疑問嗎？

　　1981年，維達—納格的合作人尼可拉女士在其著作《雅典娜的孩子》一書中，記錄了雅典人如何援引神話故事，來解釋剝奪婦女選舉權的合理性。

左圖 義大利畫家約翰‧
范‧讓特所繪的亞里斯多德
畫像。

右圖 畢達哥拉斯，古希臘
哲學家、數學家和音樂理論
家。

在雅典城邦建立伊始，所有的公民，無論男、女都擁有選舉權，他
們的第一場選舉便是選擇雅典城的守護神，而雅典娜和波塞冬成為
最受歡迎的兩名候選人。當時占人口大多數的婦女把票投給了女神
雅典娜，男人們所推舉的波塞冬最終遭到淘汰。男人們認為，既然
雅典的女人們已經選擇了一位女神作為守護神，那麼婦女則不應該
再享有選舉權，有女神庇護的雅典女人們，因為選擇了她而失去一
種權利，是公平合理的事情。同時，他們也為男權的合理性找到了
理由：世界上第一個雅典人伊奇托里奧斯是由他的父親，火神赫淮
斯托斯製造出來的，女神雅典娜只承擔了撫育他的工作，而雅典娜
自己也沒有母親，她是從父親宙斯的頭顱裏跳出來的！大哲學家亞
里斯多德也接受了這樣解釋，並在自己的著作中這樣解釋到：「神
話告訴我們，只有男性產生的精子才能提供生育的機會。」這麼一

來，神話竟然成了科學的佐證。

為何不是左腳呢？

　　古希臘人也並不都是非理性之徒，至少修昔底德用自己的邏輯，給「右腳」傳統提供了看似合理的佐證，但這也始終經受不了後世的質問：為何不是左腳呢？修昔底德跳過這個疑問，直接對斯巴達人的重右輕左戰略，提出了自己的看法：精銳部隊置於右翼，整個戰線就會往右傾斜。因為方陣中的每個人右手邊都是戰友的盾牌，而右邊的戰友一般都比自己強壯，因此在實地作戰中，士兵會以右邊為後援，逐漸向右移動，這便導致整個方陣組成的戰線都向右移動，而敵方亦然，兩條戰線便會一齊向右做逆時鐘旋轉，而取勝的關鍵就在於哪一方的右翼更強、速度更快、殺傷力更大，這正是斯巴達人的進攻特色所在。

　　這種機械化的解釋或許也是合理的，但仍然不能讓人們明白：為何底比斯的統帥伊巴米農達敢於打破這個傳統，從而取得勝利呢？

　　神話史學研究者們用他們的經驗告訴人們，僅僅是神話本身或者機械式的推理，都不足以解答歷史上的問題，兩者相結合才能給出令人信服的答案。當倉皇出逃的普拉提亞人離開家園時，他們認

為只有右腳才能維繫自己的生命與生養他們的故園土地，只有脫掉右腳的鞋，才能在離開土地時，將上面的養分帶走。不僅如此，右腳還能帶走所有與土地有關的好運：成熟、豐收、勝利等等。

在當時的古希臘神話傳說中，左、右腳互相對稱、分離並不是一種生物現象，而是造物主意識控制下的成果，反映了神祇創造世界的意願：「右」，表示高高在上，美麗的、高貴的、豐盛的⋯⋯象徵所有好的事物，與一切積極的情緒相聯繫；「左」，表示低下卑賤，醜陋的、骯髒的、貧瘠的⋯⋯總之代表所有壞的、消極的、令人嫌惡的東西。在古希臘，無論是神話故事還是歷史傳統，只要涉及左、右分野，幾乎無一能夠逃脫這樣的價值判斷。

可是，敢於挑戰傳統思維的伊巴米農達卻在關鍵性的留克特拉戰役中，完全打破了古希臘人心目中的既定模式，將精銳部隊置於「傳統劣勢」下的左翼，這在底比斯人看來石破天驚的改革，也有其誕生的歷史背景。維達一納格認為：在當時，所有的古希臘城邦中發展最為迅速、實力首屈一指的底比斯，新的哲學思想已經誕生，著名的數學家、哲學家畢達哥拉斯所創立的學說，已經受到公民們的廣泛關注，「地圓說」便是畢達哥拉斯學派的首創理論之一，地球被認為是一個浮懸在宇宙中心的球體。在這樣的球形立體結構中，高與低、左與右的區別便蕩然無存了，所有的方位和方向都成為了相對的概念，高低、左右會因為參照系的不同，而不斷發生變化。

伊巴米農達無疑深受這種學說的影響，在行軍佈陣時放下了傳統的左、右之分，從而獲得決定性的勝利，不僅改變了伯羅奔尼薩斯半

島的歷史，更諭示著古希臘人，看世界的眼睛已經領先別人一步、從此與眾不同。

同樣，回到雅典青年披戴黑色斗篷的傳統習慣，忒修斯的寓言固然浪漫而傳奇，神話史學研究者也並不滿足於僅僅用單純的神話來打破所有質疑。據維達－納格的考證：雅典公民在培養青年戰士的過程中，深受軍事立國的斯巴達人的影響，擅長偷襲的斯巴達人，從小就培養男性公民晝伏夜出的習性，青年戰士組成的精銳部隊都是白天入睡，晚上活動的。

維持日出而作、日落而息等正常生活習慣的斯巴達人，都是不從事作戰活動的奴隸、女性公民和一般的生產者。這麼一來，黑色短斗篷以其陰暗的服裝顏色、飄忽不定而又短小精悍的特性，便成為最適合斯巴達青年戰士的裝束之一。伯羅奔尼薩斯戰爭中斯巴達人戰無不勝、攻無不克，他們的戰士便自然而然成為雅典青年仿效的對象。於是，無論是左右等級觀，還是黑色斗篷的服飾習慣，在這樣的多重根據支援下，都獲得了較為圓滿的解釋。

古希臘歷史的種種遺跡，因年代久遠，至今已紛紛佚失、難以追尋，右腳不穿鞋、黑色短斗篷等細節傳統，在現代希臘社會中已完全絕跡。而唯一

Fragments in Vogue History

古希臘時根據荷馬史詩所繪的圖。圖中為海倫和普利亞摩斯。

荷馬史詩被認為是最偉大的古代史詩，有希臘人的聖經之譽，柏拉圖曾說過，精通荷馬史詩就精通了一切。荷馬史詩相傳由古希臘盲詩人荷馬所創作的兩部長篇史詩——《伊利亞特》和《奧德賽》——的統稱。關於荷馬所生的年代和是否確有其人都存在爭議。這兩部史詩最初可能只是基於古代傳說中的口傳文學，靠著樂師的背誦而得以流傳，不僅具有文學藝術上的重要價值，在歷史、地理、民俗學等方面，也提供許多值得研究的東西。

可視為口述歷史的經典之作《荷馬史詩》，也因其絢爛的神話描寫與歷史現實水乳交融，而始終不能邁入古希臘史學研究的正殿，無法成為引經據典的可靠保證。或許，只有維達－納格這樣的史學家，勇於將神話與歷史相結合，才能為無窮無盡的疑問尋找到適合的答案，一如底比斯的統帥伊巴米農達，打破左右傳統，換一個視角，歷史便因此而大不同。

有人說世上有三種情景最美麗：駿馬揚蹄奔馳；船艦破浪前進；女子於華爾滋舞步中旋轉。而在最開始，因為男女的身體接觸，華爾滋曾被視為不登大雅之堂的舞蹈；隨著風氣的逐漸開放，華爾滋逐漸成為優雅、輕盈的「舞中皇后」；然而自1968年以來，華爾滋舞蹈被更加嬉皮、輕鬆的舞蹈所替代，無可奈何地被邊緣化了。

華爾滋｜變革二百年 文／高潔

旋轉之罪

　　有一種舞蹈，曾被衛道人士授予「三冠王」的稱號：傷害身體、腐化心靈、缺乏高貴氣質。無論你相信與否，獲此「殊榮」的舞蹈就是華爾滋。1816年7月，英國攝政王喬治四世在自己的城堡裏舉行了盛大的皇室華爾滋舞會，這標誌著華爾滋舞蹈正式進入英國宮廷。而舞廳外的衛道人士們，卻對華爾滋的流行極為仇視，必欲置之死地而後快。

　　《倫敦時報》一位酸腐編輯曾刻薄地描述說：「不得不承認，一種名為華爾滋的外國色情舞蹈，上週五被引入英國皇室。至今為止，人們滿眼都是

男女跳舞者共同搖擺扭動，共同沉浸在瘋狂的肉慾中。我們有義務讓修養良好的英國婦女遠離這種舞蹈。如果這種下流的舞蹈僅限於妓女和姦婦範圍內，我們大可不必留意。但是現在，這種舞蹈正在侵襲作為市民典範的上層社會，我們有責任警告家長，不要讓他們的女兒學習這種傷風敗俗的舞蹈。」

其實，華爾滋之所以遭到了衛道人士們的惡毒攻擊，並非跳華爾滋舞本身不登大雅之堂，而是華爾滋代表著「破舊立新」。

華爾滋的風行與法國大革命緊密聯繫。1789年7月14日以前，上流社會的人們習慣跳繁瑣複雜、慢吞吞的舞蹈，例如：莊嚴節制的小步舞、四平八穩的波洛涅茲舞。而隨著法國大革命的到來，資產階級開始登上歷史舞臺，華爾滋的活力四熱，恰好展示了資產階級奮發向上的積極抱負。

1789年7月14日，攻克巴士底獄的人民貼出一張告示，上面寫著：「此地可供跳舞。」一位德國旅遊者，曾經這樣談論1790年期間華爾滋在巴黎的勝利：「人們熱衷於華爾滋或者施萊費舞，……『華爾滋，再跳一個華爾滋！』人們無時無刻都能聽到這樣的要求。」

魅力展現

華爾滋已經在資產階級中間贏得了地位，衛道人士們不可能把華爾滋當作致命的罪孽，而加以絕對禁止，只好開始對跳舞者進行道德批判。教會的教士和修道院的修女，則被徹底禁止跳華爾滋舞。那些職業音樂家、公共舞會的組織者，和為這些聚會提供場

地的人，由於給青年男女提供了製造道德罪孽的機會，也被教會所摒棄。

但其實，華爾滋起源於十三世紀初，是德國和奧地利山野一帶的農民流行的一種民間舞蹈。這種舞蹈被稱為「朗德萊」，是四三拍子、節奏活躍奔放的舞步，跳舞時需要舞伴們彼此面對面一起旋轉。農民們跳舞時穿的鞋子很笨拙，跳舞的姿勢也很粗獷，男士甚至時不時根據節拍將女士拋出去。而法蘭西人則認為華爾滋舞蹈的雛形，是愉快而帶跳躍性的平民舞蹈——「沃爾塔舞」。沃爾塔是第一個關閉式、三拍子的男女相擁式舞蹈。在中世紀，沃爾塔只是一種鄉村舞蹈，而當時穿著笨重盔甲或厚實宮廷大衣的貴族和騎士們，更青睞緩慢而莊重的小步舞。

無論沃爾塔舞還是朗德萊舞，在中世紀都是流行於農民階層的舞蹈。文藝復興賦予舞蹈自由隨意、不拘一格的特徵，這使男女相擁的對舞——沃爾塔和朗德萊——很快傳播到歐洲各國的上流社會。野心勃勃的凱薩琳·德·梅第奇為了阻止亨利三世掌握實權，挖空心思舉辦各種舞會。凱薩琳皇后的舞會使法國的優雅和豪華聞名於世。昔日舉止粗野的王公大臣們，以能夠文雅而禮貌地對待女士為榮，舞會正是表現這種高雅風尚最理想的場所。就這樣，經過修飾美化的鄉村舞蹈走進了宮廷。華

1955年，蘇格蘭舞廳裏，人們相擁著跳華爾滋。

爾滋成為第一個在公共舞廳流行的舞蹈。

　　1797年，僅巴黎就有六百多個公共舞廳。有人描述道：「你看，那華爾滋，男士和女士面對面，女士的手搭在男士的肩上，男士的手扶著女士腰部，人們隨著美妙的音樂在舞池裏有節奏地一起一伏，飄逸旋轉，彷彿整個世界都為之瘋狂。」甚至連拿破崙一世都曾說過：「為了獲取等級或稱號，參加六小時的舞會，有時比出征六次還管用。」

　　舞蹈如同音樂一樣是世界性的語言，讓人們相互交流無需媒介。無論產生於哪一個民族的舞蹈，都很容易跨越國界、打破藩籬。另一

方面，人們也很少看到舉國上下跳同一種樣式的舞蹈。我們更多地發現，舞蹈有時是某些社會階層的行為，它的階級屬性比民族屬性更為顯著。

二十世紀三〇年代，籠罩在恐怖之中的德國人仍然熱衷於跳華爾滋。納粹政府的國民啟蒙和教育部長戈培爾發現了一個棘手的問題，被譽為「華爾滋之王」的約翰・史特勞斯的曾祖父母是改信天主教的猶太人。

當時，希特勒入侵奧地利，按照他的種族污染理論，應該消滅史特勞斯這樣會使雅利安人精神變壞的作曲家。但是這位部長的藝術直覺告訴他，他更願意讓華爾滋成為「一種德意志民族的舞蹈」。於是，他要求國家和有關部門免除了史特勞斯家族的猶太人祖籍，改寫了歷史。

輝煌的音樂

華爾滋對新舞曲的渴求，成就了眾多的音樂家，這些音樂家大多來自維也納。天主教是當時世界上唯一不反對酒、女人、舞蹈的宗教，這種寬容為華爾滋音樂提供了肥沃的土壤。

蘭納在維也納組建了自己的樂隊，在演奏的同時，他也創作了第一部華爾滋樂曲。這部樂曲從貝多芬的《田園交響樂》中汲取靈感。很快地，蘭納

Fragments in Vogue History

雷諾瓦：《城市之舞》現收藏於巴黎奧塞美術館。從畫面當中可以看出十九世紀末，青年男女相擁跳著舞的情形。

的第一批華爾滋作品被世人廣泛傳播，樂譜供不應求。

此時，在被舞蹈和音樂包圍的維也納，誕生了一個與華爾滋緊密相連的家族——史特勞斯家族。約翰・史特勞斯原本是蘭納的搭檔，他負責演奏，蘭納負責作曲。後來，史特勞斯以蘭納的名義譜寫樂曲，兩人逐漸產生了隔閡，最終分道揚鑣。史特勞斯音樂作品的獨特魅力，使華爾茲舞曲逐漸成為一種著名的音樂。

蘭納和史特勞斯之間的競爭，也把維也納造就成為「華爾滋之都」，大力推動華爾滋舞曲並征服了整個歐洲。1834

年末，史特勞斯受邀去德國、捷克演出，這是史特勞斯第一次離開維也納，令他意想不到的是，他所到之處無不受到熱情的歡迎。隨後他又去了荷蘭、比利時，並承辦了一個歐洲巡迴演出，整個歐洲都散發著華爾滋的活力與激情。

如果說老約翰·史特勞斯造就了華爾滋的流行，那麼小約翰·史特勞斯則使華爾滋舞曲成為古典音樂的代表。1830年起，老約翰·史特勞斯佔領了整個維也納的舞臺，人們甚至忘了貝多芬和莫札特的存在。然而他的音樂還是介於流行音樂和經典音樂之間。

為了讓華爾滋舞會更引人注目，他甚至雇用男演員來模仿女聲演唱。當然，老約翰·史特勞斯為華爾滋登上高雅音樂的殿堂，也曾積極努力，但最終難以如願以償。而小約翰·史特勞斯則實現了他父親的音樂夢想，他譜寫的《藍色多瑙河》，毫無疑問是全世界最美的音樂作品之一。1867年世界博覽會在巴黎舉行，因觀眾的共鳴，而使《藍色多瑙河》獲得了國際聲譽，成為世界音樂史上的不朽之作。

老約翰·史特勞斯使華爾滋譽滿歐洲，小約翰·史特勞斯則使華爾滋享譽世界。為了慶祝美國獨立100周年，當時的美國總統邀請世界各國的知名人士前來參加慶典，小約翰·史特勞斯也在受邀之列。他於1872年6月13日抵達美國，船靠岸時，他立刻被一幅巨

Fragments in Vogue History

大的看板驚呆了。這幅看板有三層樓之高,上面畫著小約翰‧史特勞斯站在地球上,揮舞著指揮棒的神氣模樣,美國民眾以此來象徵華爾滋舞蹈在世界上的霸權地位。

　　令小約翰‧史特勞斯更為吃驚的是,美國建造了一個能容納十萬人跳舞的巨大舞廳,等待著他去指揮。1899年5月底,小約翰‧史特勞斯逝世,十多萬人在街道兩旁向他鞠躬致敬,為他的靈柩送行。維也納人甚至幽默地說:「奧地利國王約瑟夫是在小約翰‧史特勞斯逝世之後,才開始統治奧地利的。」

華麗的落幕

　　看過1997年出品的電影《安娜‧卡列尼娜》的人,肯定對這一幕記憶猶新:蘇菲‧瑪索扮演的安娜一身長裙,腦後的髮髻挽得一絲不苟,在歡快悠揚的舞曲中,與弗洛斯基在光影交錯中翩翩起舞,兩人

約翰‧巴普蒂斯特–史特勞斯(Johann Baptist Strauss,1825年10月25日~1899年6月3日),奧地利作曲家,因與其父同名,故通常稱為約翰‧史特勞斯二世或小約翰‧史特勞斯,以圓舞曲作品《藍色多瑙河》最為著名。他被譽為「圓舞曲之王」,為19世紀維也納圓舞曲的流行作出巨大貢獻。「圓舞曲之王」的稱號是因為他把華爾滋原本只屬於農民的舞曲形式,提升為哈布斯堡宮廷中的一項高尚舞蹈娛樂。此外,他作品的藝術成就遠超過前輩們,不只圓舞曲,他的波卡舞曲、進行曲與輕歌劇也相當著名。

上流社會舉辦舞會的場景。

快樂的旋轉、暈眩，沉迷在浪漫的華爾滋舞曲中。

　　直到現在，在西方的婚禮當中，華爾滋仍是最浪漫、最必不可少的組成部分，每個人都願意輪流與新娘跳舞。當然，在悲傷淒美的愛情中也有華爾滋的影子。恩格爾伯特用他那獨特具有魔力的浪漫嗓音，淺吟低唱著「我和你最後跳了一曲華爾滋……」，將一個美麗的愛情故事娓娓道來。沒有擁擠，也不浮躁，只有悠揚的音樂，安靜的旋轉，曲終人散，滿心破碎。這首悲傷的舞曲——《最後的華爾滋》一上市便

一個男孩兒和自己的洋娃娃在跳舞。

成為金唱片，蟬聯全美七周冠軍。

　　二十世紀，華爾滋也隨之發展出很多新穎的形式。在北美，華爾滋出現在魁北克民間舞蹈中，克里奧人的舞蹈中也能看到華爾滋的影子；在南美，華爾滋與探戈結合，華爾滋對愛情的渴望，具體表現在探戈中而得以被加強。在其他國家或地區，形成新風格的華爾滋重新回來征服了歐洲。但是，自從1968年以來，社交舞蹈遭遇了前所未有的危機。華爾滋舞被更嬉皮、輕鬆的舞蹈所替代。昔日人們心中熱情洋溢的華爾滋，卻給現代人一種「曾經的小步舞」的形象，似乎它又成了整齊協調、講究對稱重複、四平八穩的舞蹈。在拿破崙時期，華爾滋是盧梭所嚮往的衝破等級限制與束縛、崇尚自然的新舞蹈形式，現在，華爾滋卻成了追求自由的絆腳石。

　　相對地，舞蹈也進入了一個全新的時代，華爾滋不再是舞臺上光輝燦爛的中心，布魯斯、爵士和阿根廷探戈等，表現個人情懷的舞蹈成為主流，華爾滋已無可奈何地被徹底邊緣化。

　　但無論如何，華爾滋曾經的輝煌與它所帶給這個世界的歡樂，是人們難以忘懷的深深印記。

率性、輕佻、享樂⋯⋯這三個詞，恐怕是最適合用來描述法國歷史上那段特殊歲月的形容詞了！歷經百年的歐洲產業革命，在十九世紀的尾巴上達到了巔峰，世界大戰的陰霾還遙不可及，資本主義物質與精神財富大大地豐盛。在老歐洲的心臟、五光十色的花都巴黎，人們盡可能地享樂，饕餮這最美麗的時代。

紅磨坊 | 旋舞120年 文／徐嫻

十八區蒙馬特高地，是這個「美麗時代」最美麗和諧的符號：它的最高處凜然矗立著聖心堂，而就在距離教堂大門不到五步路的坡地上，卻擠滿了咖啡廳、酒館、妓院、歌舞廳、小賭場。每當暮色初臨，下班的工人、饑腸轆轆的藝術家、無所事事的小資產者便蜂擁而至，聽著時下最糜爛的小曲，在同一張酒桌前推杯換盞，文人們引吭高歌，互相抨擊後又互敬對方一杯冒泡的香檳，藝術的靈感以最為不羈的方式，在此互相碰撞，狂喜地送別行將就木的古典主義。紅唇蜂腰的妓女，在啤酒的泡沫中釋放著媚俗的脂粉氣，或者跳上前臺，來一場極具誘惑的眩惑舞蹈。

BOX

土魯茲－羅特列克（Henri Marie Raymond de Toulouse-Lautrec，1864~1901）生於南法的亞爾比，是當地的貴族後裔。自幼雙腿骨折後，下肢就停止發育變成侏儒。他大量運用日本繪畫元素所創造的一系列精美的紅磨坊海報作品，線條自由奔放，強烈而充滿動感，深受大眾的喜愛，使他一躍成為巴黎街頭的知名畫家，同時也開啟了海報藝術的創作先河。

Fragments in Vogue History

相較於夜晚熙來攘往的情景，白天的紅磨坊顯得格外冷清。

土魯茲・羅特列克（Henri Marie Raymond de Toulouse-Lautrec）是這個風月之地的常客。在巴黎市中心建立了廣受歡迎的「奧林匹亞」音樂廳之後，他的商業觸角伸向了普通人群。繼蒙馬特紅燈區最著名的兩家夜間娛樂場所：「黑貓」和「貪食者」之後，第三間，也是最大的一間歌舞廳於1889年10月6日開張，這就是「紅磨坊」。它立即征服了挖空心思享樂的巴黎人，亨利—雅克是這樣描述的：「在紅色的廊柱之後、彩繪的柵欄之前，在這糅雜了阿拉伯、波西米亞、印第安和東方裝飾風格的大廳中，臭味相投的人們摩肩接踵，男、女歌手、舞者或胸貼著胸，或腹貼著腹，在曼妙旋律中越靠越緊，嫖客和皮條客、小商品販子、肉店老闆

紅磨坊的老闆齊德樂向土魯茲-羅特列克邀請說：「好兄弟，如果你肯幫我畫一幅紅磨坊，我就請你喝一個月的酒，如何？」這幅描繪紅磨坊真實情境的作品，於焉誕生。

這是紅磨坊最著名的女丑角——Cha-U-Kao——她擅長舞蹈、雜技，在紅磨坊專門模仿日本女人。土魯茲-羅特列克以精湛的畫筆，傳神地畫出了她潛藏在濃妝艷抹與喧嘩歡樂下的心靈憂傷。。

和酒館老闆、藝術家和工人、喬裝的上流紳士和唯唯諾諾的侍應生，還有操各國口音、或纏頭巾或披長袍的有色人種，在人群中擠眉弄眼，兜售著妙不可言的藥品。男人們是綢緞，女人們則是上等的蕾絲，這些妖豔的高級和低級妓女、同性戀和老鴇，和混跡人群當中的貴婦比起來，毫不遜色。」

紅磨坊開業初期的保留曲目，是根據《埃及豔

紅磨坊所有者的合影，旁邊是紅磨坊的廣告。

Fragments in Vogue History

土魯茲-羅特列克所繪製的《埃格朗蒂納小姐的舞隊》。飄動的裙擺與激烈的康康舞動作，在在說明當時紅磨坊燈紅酒綠的盛況。

后》改編的歌舞《克里奧佩特拉》。這個表演甫一問世便以極度大膽和挑釁的風格，引起一陣譁然：黃金鑲嵌的象牙床上，半躺著近乎全裸的女主角——埃及豔后：眼神迷茫、紅唇微張，大床由四名健壯的半裸男士扛在肩上，隨著音樂旋律遊走全場，數名身著透明絲裙的「侍女」捧著各色食物，以妖嬈緩慢的動作尾隨其後。表演幾經改進，舞者身上的衣服也越來越少，直至最後，女主角僅僅身著三片薄薄的貝殼登場，成為二十世紀初巴黎小報的頭版頭條。

這時，從貴族式化裝舞會上沿襲下來的四對舞已不再時髦，沉

重的絲質長裙令舞女們叫苦連天。當紅磨坊新任歌舞總監保羅・路易・佛賴爾率領著一群金髮女郎，為觀眾們獻上了一場全新的法式康康舞時，變革的時候終於到來了！舞女們穿著統一的絲質長裙，隨著節奏的漸趨激烈，她們頻繁地掀起裙子，展露著紅色和黑色的長襪甚至是吊襪帶，把長腿高高地踢向空中，或在高空劈叉，或橫翻筋斗，女性的腿部和腰身曲線在若隱若現中大膽地綻放，即使依然身著長裙，卻令人浮想聯翩。

　　起初，社會風氣依然保守，為保護這些年輕的康康舞女郎的名譽，她們的真實姓名都會被隱去，只稱呼藝名。隨著舞女們紛紛發揮個性，他們的藝名也隨之變得更響亮：四月簡愛，瘋狂讓娜，乳酪嬤嬤……

2005年4月13日，巴黎紅磨坊舞蹈團在上海演出，這是巴黎紅磨坊首次亮相中國。

2001年上映的電影《紅磨坊》正是以紅磨坊為故事背景。

掙了錢而年紀漸長的舞女，還索性在蒙馬特開設康康舞學院，挑選一些身材樣貌出眾的平民女孩，進行一連串的專業培訓。爾後，隨著同性戀的流行，部分舞女甚至在舞臺上女扮男裝，上演「男性康康舞」以製造噱頭。不過，逐漸滑向色情邊緣的康康舞，並不缺乏頭條新聞，1893年5月9日，巴黎最有名氣的康康舞女之一、來自俄羅斯的讓‧伊芙‧萊特露絲在舞臺上不慎撕開內褲。這樁醜聞很快傳遍街頭巷尾，甚至被某些名副其實的色情夜總會所利用，成為二十世紀初最流行的豔舞。

　　紅磨坊康康舞的日漸風靡，還使得許多找不到出路的芭蕾舞者，被迫加入了康康舞女的行列。她們帶來了古典藝術的清風：舞裙修短，甚至變為芭蕾式的百褶裙，舞姿多樣化，出現了單腿跳躍和圓形群舞。慕名而來的藝術家和音樂家，以自身的修養提升著平民豔舞的

品味，現代派和印象派繪畫將康康舞留在了濃墨重彩之下，詞曲作者和編舞家，則為康康舞送上了更為華美的旋律和細膩的感性。

紅磨坊逐漸洗卻了靡靡之音和媚俗舞姿的惡名，在二十世紀初，它成為歌舞藝術的殿堂。1904年12月7日，薈萃歐美各界名流的汽車博覽會，在紅磨坊舉行閉幕酒會，康康舞終於登堂入室，成為敬獻給上流社會的視聽盛宴。

第一次世界大戰期間，紅磨坊從單純的夜總會發展成為集歌舞、電影和餐飲於一體的多功能娛樂場所。電影，這種繼音樂、舞蹈、繪畫、雕塑、戲劇和建築之後的第七藝術，終於普及化成為平民大眾生活的主要娛樂，而紅磨坊很快地便成為巴黎屈指可數的高級電影放映廳之一。即使是在法國淪陷時期，紅磨坊也照樣運營，是德國大兵們最樂意造訪的煙花之地。

二十世紀四○年代，法國當代最著名、也是最受愛戴的女歌手艾迪特·皮雅芙在這裏初次登臺，從此揚名天下；五○年代，來自美國的伊夫·蒙當在這裏舉行首場演唱會，他的西部牛仔風格，令老態龍鍾的歐洲音樂界為之精神振奮。

從1928年至2008年整整八十年間，以紅磨坊為

片名或主題的電影，平均十年便推出一部。紅磨坊門口那鮮紅色的
大風車與艾菲爾鐵塔、凱旋門、羅浮宮一起成為了法國的旅遊景
點。紅磨坊夜總會和香榭麗舍大道上的麗都夜總會，也成為巴黎夜
生活中兩個最重要的代表地標。紅磨坊以每年二十四萬瓶的總數，
成為全世界消耗香檳最多的餐飲場所。120年來，紅磨坊以其別具一
格的藝術魅力，成就了不計其數的創舉。她的馨香艷媚流傳了超過
百年，現在看起來，紅磨坊的魅力還會繼續流傳下去。

中世紀中期之前，沐浴是一場全民參與的遊樂活動。然而蔓延歐洲的黑死病，卻讓這個古老的習俗在歐洲絕跡。數百年間，沐浴走過了從「全民浴樂」到「談浴色變」，最終回歸歷史舞臺的傳奇之路。

1310年的一個蔚藍天空下，風塵僕僕的雅克布‧馮‧德爾瓦騎士馳入好友在德國山林中的城堡，騎士把鎧甲和盾牌暫時掛在釘子上，匆匆走向

沐浴傳奇 |
從全民浴樂到百年禁浴 文／頤禎

庭院的大樹下。樹下早就備妥熱氣騰騰的浴桶，女僕和城堡的女主人微笑等待著他。可愛的女僕把花冠遞向雅克布，口中念著祝福的禱告。在木桶盡頭的雜役正用鼓風機努力吹烈火苗，以便讓用來添加的熱水不要冷卻。騎士愜意地躺在浴盆裏，身上撒滿了玫瑰花瓣。女主人脫下外袍，打算進入浴盆，以親自照顧騎士傷口的熱情來表示自己衷心的歡迎。這是一個視沐浴為迎賓重要禮節的時代。

1610年五月的清晨，當法國國王亨利四世的密

Fragments in Vogue History

在游泳之前先沐浴的場景。

使，發現即將接受召見的大臣蘇利，竟然在自己的寓所中沐浴時，召見的事情變得複雜了。羅浮宮的密使當場臉色大變，再三叮囑蘇利暫勿出行，千萬別去戶外，然後馬上趕回宮廷稟報這等嚴重的事件。同時蘇利的親信和醫生立刻趕來阻止主人的外出，醫生開出了一套補救計畫，彌補沐浴對人體所帶來的不利傷害。

　　此時國王的命令也到了：立刻停止沐浴，今天不必趕來見我，明日等候召見，必須穿戴上睡袍、厚鞋以減輕今日沐浴所帶來的

不適，我十分擔心你的健康。國王的召見被沐浴中斷，周圍卻無一人感到驚訝。這是一個視沐浴為健康大敵的時期。

從平民到貴族的浴樂

中世紀初中期的沐浴，是一場全民參與的遊樂。對於下層平民來說，沐浴的樂趣莫過於在河流裏的游泳比賽和禮拜時的洗禮。無論是查理曼大帝500名士兵的游泳大賽，還是鄉間教堂的日常洗禮聚會，都是平民家中津津樂道的話題。此時沐浴早已融入尋常人家的生活之中。

那時受洗無論男、女都是坦然裸身進行的，所以年輕的神父常有面對不著寸縷的美麗女教徒，尷

古老的土耳其浴室。

尬而跑的詼諧記載。

對於中世紀特有的騎士階層而言，沐浴則是相伴一生的大事，授予騎士稱號的神聖儀式首先就包括沐浴在內，這意味著在成為騎士之前必須清除污垢，使自己的靈魂純潔無瑕。甚至在騎士追求貴婦的傳奇中，決心為榮譽決戰的英勇騎士們，首先想到的也是拿澡盆發誓：「劍刃未飲仇人之血，有何顏面沐浴潔身？」

按照禮俗，騎士們歸來，洗去征塵，休息為要，飲食次之，沐浴和休息甚至比饗宴更重要，因此所謂騎士的征程就是從一個城堡洗到另一個城堡。作為騎士家庭的女主人，在款待客人時，沐浴的熱水、花瓣香料、侍浴的侍女則是需要比精美的食物更優先考慮的款待項目。不少地區還有著城堡的女主人要親自陪同客人沐浴以顯示熱情的風俗。

對於大貴族階層，沐浴活動就不僅僅是高雅禮儀的象徵，更是財富權勢的象徵。在十四世紀《女子禮儀》一書中談及貴婦人的沐浴，「如果不經常洗澡，就會有很多人看不起她！」沐浴也因此充當了宴請嘉賓中的重要角色。1467年勃艮第公爵在款待薩瓦王后夏洛蒂及其女伴時，不僅讓她們享受了四次美好而奢華的沐浴，還特意多上了五道肉食讓她們在沐浴時享用。

隨著東征騎士帶回大量的東方香料，騎士貴族間的沐浴方式，更發展到出現了數十種清洗不同身體部位的沐浴乳，連清洗指甲的沐浴乳都有專門的配方加以調配。

公共浴室裏的尋歡作樂

十三世紀法國巴黎已經遍地是公共浴室了，甚至還頒布了行業須知：洗浴設施通常包括公共浴池、乾蒸汽浴室、濕蒸汽浴室，還有單坐或雙坐的木桶，人們可以坐在木桶中盡情享受美食佳釀。

不僅是巴黎，當時歐洲各國的城鎮都是公共浴室林立，浴室的經營早已經成為繁榮的行業。公共浴室的休閒功能，也早已融入了居民的日常生活。沐浴是如此大眾化的活動，以至於主人可以很平常地把一次沐浴當作是對僕人、工匠、短工們的賞賜。人們還可以根據價格的不同，選擇沐浴時的浴缸、美酒、佳餚，甚至是床。

隨著第一次十字軍東征，騎士們把土耳其蒸汽浴帶回到了歐洲，隨即，這個沐浴方式便風行開來。百年內土耳其浴室在義大利境內達到了六百多家。伴隨著蒸汽浴的流行，很多中世紀的醫生不但自己開起澡堂，更乾脆將理髮、放血治療等也一併在浴室中完成。

值得讓人回味的是，那數百年間無論是德國鄉下的簡陋浴室，還是神聖教堂的浴室，都是男女混浴制。儘管人們視其為自然行為，但隨著時間的推移，男女混浴的「遊樂」效果卻在城市的公共浴室

中越演越烈，以至於到了十五世紀，公共浴室已經具有情慾色彩。
很多貴族的浪漫獵豔之旅就是在各個城市的泡澡沐浴當中誕生的。

　　隨著宮廷禮儀的推廣，人們的體面意識和廉恥觀也漸漸發生了
轉變，男女分浴的原則也在緩慢確立。十五世紀，城鎮政府已經無
法再接受公共浴室中男女混浴的事情。浴室尋歡帶來的越來越多的
城市暴力事件，政府也難以容忍，於是各種禁令紛至沓來，公共浴
室因此而開始式微。但真正讓沐浴漸漸絕跡於歐洲兩百年的，並非
是分浴制度的緣故，而是中世紀那場著名的瘟疫——黑死病。

禁浴兩百年

　　1347年，一艘來自東方的船舶停靠在義大利熱那亞的港口邊，這
個船上的水手們受著一種痛到骨髓的疾病所折磨。為了攻佔這座城
市，蒙古人用病死的屍體當炮彈打入城中。城裏的人雖然得以逃離，
卻把這場鼠疫帶到了熱那亞，也帶到了歐洲！短短三個月，這場來自
大草原的鼠疫奪走了歐洲三分之一的人命。肆虐三年之後，鼠疫卻
沒有就此從歐洲大陸中根除，幾乎每隔十年、二十年就會重新掃蕩歐
陸一次。在這場黑死病的瘟疫中，死去的人不計其數。也因此造就了
十六到十七世紀人們衛生觀念的轉變，歐洲因此而禁浴兩百年。

　　在面對肆虐的瘟疫面前，醫生認定是水的壓力，尤其是熱氣
讓皮膚的毛孔張開，因此病氣得以侵入人體。於是每到鼠疫流行之
際，醫生就開始抨擊公共浴室：「身患傳染病的人在一起會聚集有
害物質」，「我請求你們不要去那些蒸汽浴室和澡堂，你們會因此

而送命的！」因此，每當傳染病傳播之際，官方就開始有計劃地關閉浴室。長期下來，越來越多的城市實行了關閉浴室的禁令。

政府的關閉令以及醫學界的認定，讓當時的人們逐漸接受了這個觀點：水會滲入皮膚，熱氣和水會使皮膚產生裂紋，導致鼠疫病毒乘虛而入。這個觀點的演繹，就是沐浴會打破人體本身的平衡，水會侵入人體進行破壞。因此到了十六、十七世紀，沐浴的危險幾乎在人們頭腦中已經定格。沐浴不僅會導致鼠疫、梅毒等傳染病侵入體內，更因為它讓皮膚毛孔張開，人體的體液和精氣就會隨著毛孔而流失，所以沐浴會有損健康，會讓人反應遲鈍，消耗大量體力，導致身體虛弱！所以一旦進行沐浴就需要不斷地小憩，浴後還需要馬上穿上衣服、臥床休息。

在這些深入人心的觀點影響之下，就不難理解為什麼會出現，諸如男子沐浴後的水會讓女子懷孕等等荒謬的觀點了，所以除非萬不得已的醫療手段，人們都會盡可能的避開水的洗禮，哪怕是貴族，與水最大的接觸也不過是每日以水洗手。法王路易十三在七歲之前雙腿從未洗過。太陽王路易十四重病時，在出血八次之後，御醫不得已採用沐浴潤濕一下國王的身體，隨即馬上停止這種「副作用」太多的治療。即使如此，他的同行還諷刺地說：「御醫用富有熱氣的洗

黑死病席捲歐洲，奪走了難以計數的生命。

衣水，去摧殘可憐的病人！」

　　但令人驚訝的是，這個時代人們的衛生觀點，並沒有因此而倒退，相反地，人們更加注重個人清潔。不同的是人們會以出汗後頻繁更換襯衣、在頭髮上撲上香粉、臉上點假痣來象徵自己的乾淨程度。所以曾經沐浴過人類身體千載的清澈流水，就此被引入庭院、化成流動的景觀韻律。然而，如這些在庭院被壓抑後噴薄而出的瀑布和噴泉一樣，隔絕於人類社會百年之久的洗浴，也在不久後終於噴湧重現。

沐浴歸來

　　就像冥冥中未知的輪迴一般，十六世紀的人們因

經歷了百年禁浴之後，人們終於重新認識到了沐浴的重要性。

疾病而遠離了沐浴。經歷黑死病和傳染病多年肆虐的結果，在歐洲催生了海關檢疫制度，以及城市衛生防疫機構的誕生。隨著這些機構的發展，城市汙水處理系統得以建立。十九世紀，醫學界的話題開始被「衛生」這個詞牢牢佔據。有別於以往僅停留在對個人健康的維護、保持上，學者們的關注範圍也從個人普及到了城市的公共議題。1830年，倫敦的大部分居民已實現供水到戶的設施，此時巴黎城市的糞便處理，還需靠人定期清理街頭的糞便槽。值此令人譁然之際，諸多指責政府忽略公共衛生的輿論，讓巴黎政府也開始正視以水迴圈處理城市垃圾的方式。

隨著冷水浴對疲勞、中暑病人的有效治療記錄不斷增加，以及肥皂的出現，在市民中廣泛普及熱水浴成為可能。

而1832年巴黎的一場霍亂，適時地把熱水沐浴推到了公眾矚目的舞臺上。面對這種幾個小時內就奪走人生命的瘟疫死神，人們發現水的稀缺程度與霍亂死亡成正比。於是公共衛生法令正式將「溫水浴」視為一種疾病防治的手段。在不斷蔓延的疾病面前，巴黎和其他各國又出現了定期沐浴的習慣。

醫生的資料分析加上政府政令的支持，讓沐浴的最終目的在這個時代得以分化：「以溫水來清潔身體，以冷水來啟動身體。」這一分化正式確定了流傳應用至今的衛生沐浴觀點：「熱水浴是最好的清潔身體的方式。」作為一個文明之人，便應該時常以溫水洗浴，潔淨身體！至此，沐浴才終於完成了它在歐洲大陸百年沉寂後的回歸。

二十世紀二〇年代，可可‧香奈兒（Coco Chanel，1883年8月19日～1971年1月10 日1971年1月10 日）在乘坐遊艇時，偶然曬出一身古銅色的皮膚，隨即在時尚界引起了一股日光浴的潮流，這是現代日光浴流行的起源。那時維多利亞時代剛剛結束，解脫了束縛的年輕人跳著風格怪異的查爾斯頓舞，日光浴如同華麗的短裙、短捲髮和汽車等新鮮事物一樣，成了那個時代自由的象徵。

日光浴｜
在「藥」與「酷」之間 文／高潔

日光浴由來

　　人類學家泰勒曾說：「凡是有太陽照耀的地方，均有太陽崇拜的存在。」自古以來，人們一直用各種各樣的形式尊崇太陽。阿茲特克人把太陽視為掌管雨與雷電之神。古埃及法老王死後要成為太陽神——「啦」，獅身人面像為法老守護門戶，金字塔象徵著刺破青天的太陽光芒。《金字塔銘文》中有這樣的話：「天空把自己的光芒伸向你，以便

Fragments in Vogue History

今日的沙灘上，總是少不了曬日光浴的身影。！

你可以去到天上，猶如『啦』的眼睛一樣」。

　　尚武的亞述人崇尚日光浴，他們認為陽光的照射能使其成為戰無不勝的民族。古埃及人在室內使用不同顏色的玻璃，讓太陽光透過不同色澤的玻璃照射人們的身體，他們認為這可以幫助治療疾病。古希臘人則認為曬太陽是保持健康的好方法，他們在高山上建造日光浴城，利用紫外線治療肺結核。

　　日光浴一直延續到古代羅馬帝國後期，在中世紀才宣告結束。在黑暗而漫長的中世紀，基督教認為人類的肉體是一切貪欲和罪

惡的載體，是反上帝的，不應暴露在太陽之下，因此，日光浴被禁絕。因為日光不足而發生的疾病也逐漸增加，譬如佝僂病在那一時期就廣泛蔓延，在中世紀的繪畫作品中也屢見不鮮。

日光也是「藥」

在二十世紀初的大眾心目中，日光浴是治病的「良藥」。這時，古銅色皮膚僅僅是這種療法的副產品，而不是人們進行日光浴的目的。

日光浴療法的創始人是約翰·哈威·凱洛格醫生，他早在二十世紀初就強調人們應該在戶外充分接受陽光的照射。也許大部分人對這個名字並不熟悉，然而他們一定知道1994年的喜劇電影《窈窕淑

打網球的女士們。運動時都穿得如此嚴實的女性，幾乎沒有什麼享受日光浴的機會。

女》，這部影片就是以凱洛格的故事改編而成的。影片中，凱洛格經營一家健身療養院，開展禁欲、素食、瘦腸等一系列特別的健身法，那誇張的表演讓我們深刻地記住了這個騙子的形象。

事實上，凱洛格是一位著名的醫生。他不僅最早宣導整體療法，還發明了玉米片、花生醬、電熱毯，最重要的是，他發明了室內日光浴裝置——「日光浴床」，人們躺在其上，經受某種射線的照射，就可以變黑。

凱洛格的第一個日光浴床完成於1891年，很快便風靡西歐。英國國王愛德華七世為了隨時享受，甚至在白金漢宮和溫莎城堡都安裝了日光浴床。其實凱洛格早期發明的室內日光浴裝置所發出的光線大多是紅外線，偶爾使用並不能使皮膚變黑。只有長期使用時，其中少量的紫外線才會引起膚色的變化。

後來，凱洛格不斷改進他的裝置，結合白熾燈和弧光燈，或者專用弧光燈，從而釋放出大量的紫外線波長。自1876年起，他開設的貝特灣療養院就在專業醫生的監督下開展日光浴治療。

儘管曾設計室內日光浴裝置，但凱洛格對天然太陽光更感興趣。他認為在戶外沐浴陽光比在室內接受弧光燈照射的效果更好。在書中，他強調：「日光浴最好是在戶外進行。遊艇上寬敞的甲板、陽光明媚的沙灘，都是理想的選擇。同性病人可以在一起沐浴陽光，男性病人只需要穿普通短褲，就可以進行日光浴治療。」

丹麥物理學家尼爾斯．文森進一步推動了日光浴療法的發展。他是哥本哈根光學治療研究所的所長，他從小在漁村生活，之後在

哥本哈根大學醫學院經過七年苦學之後，獲得醫學博士學位。

1892年，文森開始潛心研究光線對有機體的影響，發現紅光和紅外線能加快天花痊癒，還能預防正常光照射下的併發症。這一發現拯救了無數人的生命。而後，在冰島漁村休養時，他目睹漁民們遭受狼瘡的折磨，決心為他們解除病痛。

文森仍然試圖從光線療法上去獲得突破，他把空心的平凸透鏡裝滿氨水溶液作為聚光器和濾光器，用碳精電弧燈作為光源，用石英棱鏡分光，再用兩個平凸透鏡聚光。這樣，他就得到一束聚焦的化學性光線。他在細菌培養中證實這種聚焦的化學光線確實有殺菌的功能。1895年11月，文森在第一位狼瘡病人身上試用了他的治療方法。經過一段時間，病人的病斑消失了，皮膚也完全恢復正常。

文森將這個儀器作為禮物送給英王愛德華七世的丹麥妻子——亞歷山卓皇后，也許因為英國陰沉的天氣使得這位皇后懷念故鄉的太陽，她非常熱愛這種室內日光浴裝置。1900年，這個儀器還安裝在倫敦醫院裏，以治療狼瘡病人。1903年，文森因為在治療狼瘡病及其他皮膚病方面的重大貢獻，獲得諾貝爾生理學及醫學獎，這可謂是日光浴療法所獲得的科學榮譽的巔峰。

1933年三月，英國多塞特郡普爾市，一間提供人造日光浴的房間。

另外一位日光浴的宣導者是貝克爵士。這位外科醫生宣稱，他所到過的所有地方的人們都缺乏陽光的照射，並開出「盡情享受陽光的照耀」的藥方。他還號召大家以涼鞋代替包裹嚴實的靴子和皮鞋，穿輕薄、白色的衣服，以使「有益光線」充分地照射。

　　到了二十世紀二〇年代，日光浴作為治療手段已經被廣泛使用。1926年的一本醫學手冊《陽光，及如何使用它》，描述了英國倫敦北伊斯林頓新生兒疾病治療中心，利用日光浴促進新生兒的健康的情況。這是倫敦第一家日光浴治療中心，其療效顯著，給很多窮困家庭的孩子們帶來了巨大的好處。

　　1924年「日光浴聯合會」成立，很多知名醫生都是其中的會員，而亞歷山卓王后則為它提供了贊助，該協會通過積極遊說，努力使日光療法成為公共健康政策的一部分。

為「日光」而戰

　　日光浴的初衷是健康和治病，只是隨著時代的變遷，曬黑才成為一種時尚。

　　1927年七月，英國《時尚》雜誌封面首次刊登了用於曬黑的設備，這標誌著日光浴開始被時尚界所關注。同年八月《時尚》的另一篇文章進一步介紹，「人們每天進行日光浴，以獲得古銅色的皮

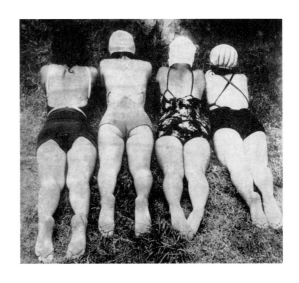

1940年，身著泳衣的女性在曬日光浴。

膚，這已經成為日常生活中的一部分。」

1928年六月的《時尚》又發表文章寫道：「以往流行和健康勢不兩立，而現在它們變得親密無間。任何充滿智慧、追求完美的女性，如果希望能成功地站在社會和流行時尚的前沿，都不會忽略日光浴。」時尚界想像著未來是一個「充滿日光浴、健康體魄而又營養均衡的新世界。」

儘管被時尚界關注，但這時古銅色皮膚仍然不僅是一種審美標準，健康概念才是流行的趨勢，古銅色皮膚僅僅是新社會風氣的表現。這種健康理念與凱洛格醫生四十年前所宣導的如出一轍。

在這種風氣下，日光浴逐漸被社會接受。在1933年希特勒上臺之前，德國已經對公眾開放日光浴的相關措施，但後來希特勒禁止了裸體運動。當時英國也有幾個公共場所可以合法地進行日光浴，可以局部裸露身體，亦有一些指定的海灘可以進行陽光療法。

也許這種規定在現在看來遠遠算不上「開放」，但那畢竟是在二十世紀三〇年代，那時穿著泳裝在沙灘上享受陽光都是被嚴格禁止的。此後幾十年，日光浴與其說是一種被不斷推動的流行時尚，不如說是人們奮鬥的目標。1928年，一位日光浴支持者呼籲身處黑暗無光的工作環境中的工人們，要為獲得陽光而戰鬥，他建議所有的工廠和辦公室都應該有太陽燈。

英國工黨的領袖、威斯敏斯特議員喬治·蘭斯布里也是日光浴的支持者，他對《每日見聞報》說：「在德國，除了其他一些因素外，年輕人能夠

1935年，一群女演員集體進行日光浴，以便參加《棕櫚樹下》的演出。

健康茁壯地成長，是因為他們還進行了日光浴。我希望大英帝國的年輕人也能做同樣的事情」。正是他促成了海德公園浴場的建立，這是倫敦第一個對公眾開放的成人日光浴場所。

十九世紀末，日光浴的流行還帶動了太陽崇拜和裸體運動的復興。這一時期英國著名作家、社會改革家愛德華‧卡本特就是一位太陽崇拜者。這位同性戀名人呼籲「太陽崇拜者應該把身體敞開，把自己置身於陽光的照射下，使太陽融入他的身體」。1902年，法國著名作家紀德的小說《背德者》中，把日光浴作為大病初愈後的養生之道，通過此書向人們展示他所尋求的是，與太陽等天然萬物更加貼近、回歸大自然的原始渴望。

而裸體運動起源於古希臘。古希臘人認為人體是大自然最美的事物，他們在體育活動和節日慶典中總是赤身裸體，並用各種藝術形式來表現和讚美人類的裸體。古代的巴比倫人、亞述人和羅馬人，都以日光浴的形式實行過裸體主義。

經過沉寂的中世紀之後，二十世紀日光浴的流行也帶動了裸體運動的發展。現代裸體運動開始於德國，經過戰爭的人們更加珍視生命與自然，因此裸體運動得到了很多人的回應。這種裸體運動不但追求健康、優美的體態，讚美新鮮的空氣與陽光，還是對十九世紀末期歐洲社會僵硬的道德觀念的一種反叛。

1900年，英國發行時間最長的裸體主義者的出版物：《健康與效率》雜誌出版。這本雜誌原本名為：《活力：一本關於自然文化的雜誌》，具有強烈的種族主義傾向，直到第二次世界大戰結束之

後才消失。隨著兩次世界大戰，裸體運動廣泛傳播到其他歐洲國家以及美國。

醫學的倒戈

二十世紀二〇年代，日光浴被認為是萬靈丹。嬰兒出生後父母就會抱著他們曬太陽，以預防肺結核和佝僂病。然而現在風氣則大大不同，很多人認為幼兒接受紫外線曝曬是非常危險的，社會上甚至出現避曬之風。如今極力禁止日光浴的，正是昔日那些提倡日光浴的醫學專家。二十一世紀的醫學界認為日光浴是愚蠢、膚淺，甚至是危險的行為，正是因為它導致諸多皮膚疾病的產生。有專家聲稱，紫外線是皮膚癌的元兇，經常曬太陽被認為會引發皮膚癌。只有像香奈兒那樣「乘坐噴氣式飛機環遊世界的富人」才會認為「曬黑是美、健康、財富以及快樂的象徵」，工業為了利潤才在大眾中培育和宣揚這種理念：「古銅色皮膚是衡量帥哥、美女的標準」。

反對日光浴的觀點如此流行，以至於如果在Google中輸入「曬黑」和「可可・香奈兒」（suntan & Coco Chanel）兩個關鍵字進行搜索，你會發現大部分的結果不是時尚網站，而是醫學網站勸阻人們進行日光浴的網頁。他們譴責這種與太陽的親密接觸，一家英國癌症慈善機構網站甚至聲稱，要揭穿

防曬油的廣告。

所謂「古銅色皮膚是健康的象徵」之類的「曬黑神話」。

強大的反對聲或許產生了作用。如今的城市裏，夏天的太陽傘已經成為一道亮麗風景，即使天氣陰沉，仍然可以看到無數女孩用太陽眼鏡、陽傘把自己遮擋得嚴嚴實實，生怕被日光灼傷了嬌嫩的肌膚——因為專家說，陽光不強烈並不意味著紫外線強度會變弱。

而與此同時，各地的海灘卻始終熙熙攘攘，眾多男女躺在沙灘上享受毫無遮擋的陽光，許多國家紛紛開設天體浴場，人們在那裏脫得一絲不掛，最大限度與陽光親密接觸。

在贊同與反對的聲音爭執不休之時，日光浴走向極端的兩條路：熱愛者愈熱愛，反對者愈反對。

早在西元前3000年前，心靈手巧的古埃及人就把白色的木乃伊亞麻裹屍布染上藍色的邊。從此靛藍風靡了幾千年，從歐洲、美國，到中亞、印度，深深淺淺的靛藍點綴了全世界。二十世紀初期，德國化學公司BASE研製出合成靛藍，使得天然染料的前途暗淡，但是隨著自然風、天然染劑的流行，用靛藍染色的衣服開始走上了巴黎的時裝伸展台。

靛藍 | 重現午夜天空的顏色 文／栗月靜

1665年倫敦發生大瘟疫，死了十萬人，大學幾乎都要關閉了，所有的學生都被遣散回家，23歲的牛頓也在被遣散回家的學生之中。

那一年，牛頓位於林肯郡的房間成了人類知識擴展的核心。他從當地市場上買了兩個三棱鏡，通過它們，他發現所有的顏色都包含在白光之中，除了波長理論，他還因此把顏色列表從五種提升到七種，加上了橙色和靛藍。

牛頓選擇七，可能是因為這是一個很優雅地符合宇宙邏輯的數字，但是為什麼要加入靛藍呢？他本可以把淺紫和深紫分成兩類，或者加入可以把綠色和藍

美國獨立期間，當時婦女梳的一種非常奇特的髮型——頭髮上作出著名的法國拉貝爾伯爵號戰艦的造型。

浙江嘉興烏鎮的藍印花布。中國藍印花布也是使用植物染料染色的。

色分開的綠松色，但是他卻選擇用靛藍來隔開藍色和紫色，這樣我們就看到了兩種藍。靛藍這種「午夜天空的顏色」，對牛頓和人類到底意味著什麼呢？

神奇的植物

如果說世界上除了衣服纖維的天然顏色——淺褐、深棕和黑色之外再無別的顏色，那該多麼暗淡啊！對色彩的熱愛讓史前人類用赭石和紅土塗抹身體，對他們來說，顏色是個秘密。當人們第一次發現衣料與浸泡在尿液（尿液是靛藍轉化為染料的古老添加劑和還原劑）中的靛藍葉子接觸後，染成了美麗的藍色，那該是多麼的興奮啊。

沒有人知道是誰第一個從植物中提取了藍色染料，但是早在西元前三千年，心靈手巧的古埃及人就把白色的木乃伊亞麻裹屍布，染上了藍色的邊。

東方地毯或者歐洲文藝復興掛毯的美麗首先在於其絢麗的顏色，雖然現在彩色衣服對我們來說是理所當然的事，但直到十九世紀中期，所有的染料還都來自天然，提取非常不容易。在大自然提供的所有染料中，不管是來自植物、昆蟲還是貝類，靛藍也許是其中最獨特的顏色。

從最熱的沙漠到最高的山，能製造靛藍的植物在世界各地都可以生長，總共有上百個品種，大部分都

是灌木。其中木藍本來在熱帶和亞熱帶地區廣泛生長，後來被移植到西方新大陸。中國和日本都廣泛生長半野生的或栽培的蓼藍。

　　靛藍獨特的化學成分讓它可以和很多種織物融合，而很多古老的染料，比如著名的從貝類中提取的紫色，和從茜屬植物的根部提取的紅色染料，只能與更具吸收性的動物纖維，例如羊毛融合。

　　很多種植物都可以作為黃色染料，而紅色可以來自植物，比如茜草和巴戟天，也可以來自動物，例如：胭脂蟲、紫膠和介殼蟲。但是在這個世界上，藍色染料的唯一天然來源只有靛藍植物，它們能帶給我們所有藍色系的染料，無論是晴天的天藍色還是夜空中的深邃的靛藍。靛藍與其他染料混合，還可以染出綠色（雖然大自然滿眼綠色，卻沒有綠色染料）、紫色和黑色。

　　在過去的幾個世紀裏，人類對靛藍的需求是無止境的，世界上的每件藍衣服都需要靛藍。在西方，農民和屠夫的工作服，荷蘭人的褲子，警察、軍隊、海軍（因此有海軍藍這種專門色彩）和醫院工作人員的服裝都需要靛藍。

　　另一方面靛藍還可以製造出富有貴族氣質的「皇家藍」。在亞洲、非洲和美洲，靛藍同樣得到了上層社會和底層人民的喜愛，既常見於日常生活又用於染製禮儀中的服裝和織物。即使在二十世紀，有機靛藍染料也是大宗貿易商品。

　　靛藍還是繪畫的顏料。現代科學分析已經揭示了古代的繪畫大師不想透露的秘密——為了節省昂貴的天青石的深藍色，畫家會在

畫布底層先塗上一層靛藍。水彩畫家更喜歡靛藍顏料，因為它比礦物藍更具流動性。靛藍還得到奢華書籍的圖飾畫家的青睞，他們用靛藍來保護珍貴的牛皮紙和羊皮紙，因為這種染料不僅防蟲，還會讓金色的花體字更醒目。

靛藍還有藥物作用，新的研究發現，希臘人迪奧斯寇里斯和十三世紀西班牙藥物學家阿卜杜拉·伊本·艾哈邁德·貝塔爾那些加入靛藍的藥方，都是有科學依據的。羅馬大將軍凱薩（西元前102或100年～西元前44年，古羅馬統帥、政治家）在其《漂亮的高盧人》一書說，布立呑武士（不列顛南部凱爾特人的部落）把自己染成靛藍色以恫嚇敵人。

不管他們是否把臉染成藍色，確實有很多國家的人使用靛藍文身，據說這麼做既是為了裝飾，也是為了受到神的保佑。《格林童話》中的藍鬍子，其實有很多理由用靛藍把鬍子染藍，因為這樣既可以讓濃密的鬍子光亮、不生細菌，又可以掩飾白鬚。把鬍鬚染成藍色曾在波斯王大流士的軍隊中風行一時。

靛藍貿易

早在五千多年前，靛藍植物就在印度河流域種植了。從詞源上看，靛藍（indigo）這個詞展示了古代從東方到西方的香料貿易，這個英語詞句來自

2003年12月20日，上海中國藍印花布館。

希臘文「indikon」，拉丁化之後稱為「indicum」，字面上的意思是「來自印度的」，靛藍的梵語寫法是「nila」，這個詞往東流傳到東南亞，往西經中東傳到南歐，美國人製造出的現代染料苯胺（aniline），這個詞就是來自梵語的靛藍。

　　提取藍色、紅色和紫色的方法和配方，最早由巴比倫人在西元前八百年前用楔形文字記載下來，如今我們還可以在大英博物館看到這塊泥板文書。據上面記載，2700年前美索不達米亞人就在使用靛藍了。現代考古發現的藍色織物碎片，說明靛藍的使用遍及當

時的亞洲和北美。尤卡坦半島上的瑪雅人將當地產的靛藍，與一種名叫坡縷石的特殊陶泥混合後，製成用於繪製壁畫的綠松色，這種顏色極其光亮。阿茲特克人比瑪雅人走得更遠，他們不但把靛藍用做染料，還用於製藥，他們用靛藍塗抹獻祭者以示尊敬，然後才把他的心取出來。

　　希臘羅馬時代的人，已經開始從東方進口少量的靛藍。雖然歐洲本土種植的菘藍也可以製造靛藍，但是產量與真正的靛藍植物相比要少得多。在中世紀，羊毛工業對從菘藍中提取靛藍的染料需求量很大，歐洲的農場主和商人們也因此大賺了一筆。後來，來自中東的駱駝商隊為歐洲帶來了品質

存放植物靛藍的木桶。

精良、體積較小的濃縮熱帶靛藍染料，歐洲稱這種染料為「巴格達藍」。

　　歐洲人用靛藍來繪畫，例如：繪製大教堂的壁畫，當時的畫家會將黏土加上一點巴格達藍來代替珍貴的群青色。通往西印度群島和東印度的海上航線被發現之後，靛藍，引起了相關利益階層——農夫、商人和政府之間的激烈鬥爭。但最終，歐洲的菘藍染料，依舊逐漸被更適合漂染印度棉布的進口熱帶靛藍所取代。

　　1600年之後，東印度公司就想把靛藍這種新染料介紹到歐洲，可是貿易保護主義設置了重重壁壘，大量中產階級的菘藍種植者和商人極力阻止靛藍進入歐洲。德國的愛爾福特市和當地的大學就是建立在菘藍產業的基礎上，法國北部的亞眠大教堂上畫著兩個菘藍商人，這說明當時的菘藍染匠富裕到可以資助建設教堂。1609年法國宣佈不得使用靛藍顏料，而在德國，染匠們必須每年向政府申明自己沒有使用靛藍這種「魔鬼的染料」。英格蘭的商人們硬是拿到了一份靛藍有毒的證明。因為這份證明，所以在英國使用靛藍都是非法的。

　　不過很少人把這份禁令放在眼裏，因為英國的大部分菘藍也是進口的。大約從1630年起，英國的東印度公司就從印度非法進口靛藍。東印度公司之所以能夠違法操作，據說還得益於清教徒的支持，這些嚴肅的穿著黑白衣服的清教徒，總是想讓他們的黑衣更黑，白衣更白，而靛藍便能做到這一點，靛藍是黑色的底色，可以防止蘇木黑在陽光下褪色，靛藍還可以使泛黃的衣服重新變白。

在印度，你會看到有些富人的白衣彷彿發出炫目的光，這正是靛藍的功勞。

十七世紀末，奴隸種植園在西方的殖民地西印度群島和美洲被建立起來，熱帶靛藍也開始成為主要的作物。現代考古學家從當時加勒比海附近的沉船上發現了大量的靛藍，神奇的是，這些染料到現在還可以使用。西印度群島的聖多明哥島、馬提尼克島等地的氣候條件，對種植熱帶靛藍來說近乎完美，但靛藍工業的成功主要還在於強制黑奴勞動的結果，法屬加勒比的靛藍產量很快就超過了印度。1643年，英國東印度公司的總督氣急敗壞地罵他的法國競爭對手「欺詐

梵谷的《星空》，這是人們心目中記憶最深刻的「夜空的顏色」。

而且偽造」。但實際上，法國人的產品確實更好。英法開戰之後，靛藍的來源就被切斷了，英國殖民者開始在美洲種植靛藍。1750年，英國從美洲的卡羅來納人那裏訂購了三萬公斤靛藍。

　　十九世紀初期，英國人丟掉了美利堅和大部分西印度群島的領土，但是英國人對藍色染料的需求一點都沒有減少，所以熱帶靛藍的種植又回到了印度。1854年，一個名叫格蘭特的年輕畫家應朋友之約來到印度，他答應姐妹們會定期寫信。今天，他的信成為研究十九世紀印度靛藍種植園的重要文件。在這些信件中，格蘭特激動地描述了在靛藍採集和加工季節裏工廠的熱鬧景象：

　　農民們將靛藍交過來，一個手持六英尺長鐵鏈的人，繞著剛收穫的靛藍捆一下，一圈就算一捆，大約每一百捆放在一個七公尺見方、一公尺深的大染缸裏，然後倒入水。混合後的液體呈暗橙色，接著慢慢地變成明亮的天然綠色，上面漂著一層美麗的檸檬色泡沫。接下來真正的人力過程開始了，十個人一齊跳進染缸，液體一直淹沒過他們的臀部。每個人的手上都拿著巨大的扁平竹槳，不停地攪拌液體，直到「整個染缸都攪成漩渦」。

　　在格蘭特看來，這場面就像是一場聚會，到處是歌聲和笑聲，但是在這歡樂場面的背後，卻是強制種植所帶來的悲慘毆打和欺凌。喬治・米爾斯就是當時最惡名昭彰的種植園主，他總是燒毀一些農民的房子，只因為他們想種水稻而不想種靛藍。1860年，他還設法讓當局通過一條法令——種植過熱帶靛藍的土地上再也不許種

稻米。雖然這一系列事件最終導致「藍色暴動」，但是強迫種植卻沒有結束。雖然到了1917年，非暴力不合作運動的領導人甘地前往比哈爾邦去幫助當地受到不公平待遇的靛藍種植農戶，然而對於整個印度來說，擺脫殖民統治的道路不過才剛剛開始而已。

大英帝國在印度開闢了幾百個靛藍工廠，從而控制了世界靛藍的貿易。這些曾經幫助建立了一個帝國，之後又幫助摧毀了這個帝國的靛藍工廠，很多在二十世紀五〇年代還在繼續運轉著。

神秘的轉化

提取靛藍，並用來染色的過程，彷彿一場魔術。藍色開始都隱藏在綠色的葉子裏，只有經過化學轉化後才會顯現出來。傳統上從菘藍和蓼藍葉子中提取染料的方法有兩種，一是將搗碎的葉子堆積幾個月，自然發酵；二是將它們泡在水裏，狠狠地捶打以加速氧化，並搗成藍色的糊，晾乾之後就得到了耐久的固體染料，這種團塊適合長途運輸。

不過，染工不得不面對另外一個問題——靛藍的染料塊是不溶解的，只有通過特殊的細菌把它還原成無色的形式之後才能用來漂染織物，這需要把靛藍放入微熱的鹼性染料缸中，添加各種東西來培

靛藍是一種還原染料，在古代主要是從靛藍植物中提取加工製得，也是人類最早應用的天然染料之一。印度人很早就會使用這種染料，它可以使黑色在陽光下顯得更黑，也可以使泛黃的白衣重新變白。根據文獻記載，1856年台灣已有7000擔靛藍染料輸出的記錄，顯見在這之前，靛藍在台灣已有穩定的生產。直到現在，隨著生態意識的提高，靛藍不僅是高級牛仔褲的最佳天然染劑，更堂而皇之的走上了巴黎最時髦的時尚伸展台。

Fragments in Vogue History

梵谷的另一畫作：《滿天星斗下的羅納河》。

養細菌，消耗氧氣。經發酵後靛藍就變成了可溶性的白色溶液，染工把衣服從白色溶液中提起來的那一刻，奇跡就出現了：與氧氣一接觸，衣服就變成了漂亮的藍色，就像染工向一位靛藍神祈禱過一樣。所以長久以來，染工的秘密只能在家族內一代一代的流傳。

　　在發酵池中發生的神秘轉化引發了無數的傳奇故事。由於染料缸染出的織物顏色很不穩定，所以常常被人們（當然是被男人）比做喜怒無常的女人。在爪哇，傳說當夫妻吵架時，靛藍染缸會變得憂鬱。而在不丹，懷孕的女人不能接近靛藍染缸，因為不丹人相信未出生的孩子會偷走藍色。

這一套複雜的程式強化了靛藍的象徵意義，特別是對那些還沒有文字的部落來說，織物更是重要的表達方式。很多染料和顏色都有特定的象徵意義，靛藍因其特殊的神秘性，讓它與死亡和哀悼緊緊聯繫在一起。對當年的牛頓來說，他看到的靛藍，最有可能是停屍房裏蓋著死人的裏屍布。撒哈拉地區的人還認為新染的靛藍長頭巾和婦女的面紗有避邪的功效。

　　靛藍染色的服飾足可以寫成一部豐富的社會史，而牛仔褲則是其中不可或缺的一筆。

　　阿爾泰山北麓出土的帕茲雷克地毯殘片，製作於西元前四世紀，在這片最古老的栽絨地毯上，我們可以看到最早穿靛藍褲子的人。在中世紀的熱那亞，水手們穿著藍色的被稱為「genefustian」的褲子，這就是牛仔褲「jeans」這個字的起源。

　　法國南部城市尼姆也出產這種耐穿的藍色斜紋布，1853年，李維・史特勞斯為加利福尼亞那些淘金的牛仔和礦工們製造工作褲的時候，就是從這裏購買原料的。後來美國大兵穿著李維斯的褲子到歐洲去參加第二次世界大戰，牛仔褲就此走出了美國，並成了戰後西方年輕人叛逆和魅力的一種符號。今天斜紋牛仔褲已經完全被主流時尚所接受，

Fragments in Vogue History

李維斯2009年又推出「Indigo」（靛藍）系列，稱作藍色牛仔褲新潮來襲。

全球每年牛仔褲的總產量超過了十億條。

　　早期李維斯牛仔褲完全用天然靛藍來染色，因為只有靛藍染料那獨特的化學成分，才能產生純粹的顏色和合人心意的褪色效果。靛藍分子不是透過化學變化與織物纖維結合在一起的，而是附著在構成纖維的纖維素鏈條上，所以它的藍色雖然永不消失，但摩擦之後容易發生變化，可以得到各種出人意料的褪色效果。

　　靛藍的未來究竟如何呢？在二十世紀初期，合成靛藍經過德國化學公司BASE的精心研製，為整個世界市場帶來了劇烈的衝擊。如果不是李維．史特勞斯生產的牛仔褲，靛藍的故事說不定會就此結束。但是隨著自然風、天然染劑的流行，用靛藍染色的衣服已經擺進了高級服飾店的櫥窗，並走上了巴黎的時裝伸展台。這背後有很多因素在相互作用，包括人類覺醒的生態意識，尋找可持續發展農

業的努力和生物技術上的進步等等。

　　最近，由菲力浦·約翰教授領導的一個科學家團隊，對十世紀維京人染缸裏沉積物的研究，取得了突破性的進展。現在使用生物技術可以大大簡化從植物中提取染料的過程，並讓大規模使用有機染料成為可能。由歐盟資助的這項研究，有可能解救處境艱難的靛藍農民，也為靛藍的未來鋪出一條更寬廣的道路。

　　如今，曾經使用強迫勞動力的地方，比如孟加拉、印度、薩爾瓦多和墨西哥，靛藍的種植也出現了復興。在其他國家，如日本、韓國和阿曼，因為潛在的商業價值，靛藍的種植也會從邊緣重新走入產業中心。五千年前開始的靛藍的故事，至今還沒有結束。

手繪靛藍植株。

在第二次世界大戰期間，「珍」這個漫畫人物在英國軍隊中無人不知無人不曉。這個金髮美女不僅被印在年曆、打火機上，還被印在飛機、軍艦、坦克車上，作為幸運的標誌。她的影響之大，讓首相邱吉爾都曾把她比作盟軍，用來做為對抗德國的秘密武器。

「珍」｜英國第一海報女郎 文／笑非‧王斐然

英國的「美女炸彈」

1932年12月，「珍」出現在一部名為《珍的日記：一個聰明伶俐的年輕女孩的日記》的漫畫中，登載於《每日鏡報》。她被設計成一個單純性感的金髮女郎，還有一隻小狗叫做「弗里茨」（意為「德國佬」）。「珍」和她的小狗每天都會參加一個輕鬆的小冒險，遇到各種各樣的情況，最後落得衣服全掉光。比如一次她從一輛大棚車頂上掉下來，腰卡在棚頂上，裙子則留在大棚車外，棚內的人則可以欣賞她的美妙身材。類似這樣輕鬆愉快的連環漫畫「脫衣秀」，成為二次世界大戰時士兵們的精神食糧。邱吉爾首相有一次開玩笑稱，要授予

「珍」「英國秘密武器」的稱號，以感謝她在鼓舞和保持士氣方面的重大貢獻。

有個故事最能夠體現「珍」在英國軍隊中的重要意義：一艘英國潛水艇被擊中，敵艦隨時可能會突然來襲擊，所有的船員都做好了葬身船中的準備，他們向船長提出的最後要求是，希望船長把他保險櫃裏的「珍」的圖片拿出來，大家一邊欣賞著美麗的女郎，一邊等待氧氣耗盡，度過最後的時光。這是當時戰場上流傳的關於美麗的「珍」對軍隊士氣有幫助的數十個例子之一。

「珍」其實是英國的第一個「美女炸彈」，她通過迷人的微笑和優美的曲線來鼓舞軍隊士氣。在與法西斯作戰之時，「珍」對英國軍隊如此重要，一個退役軍人甚至認為：「珍」頂得上兩個裝甲師，而一名英國下議院議員稱英國軍隊為「珍的戰士們」。

士兵的安慰

隨著連環漫畫的熱銷，《每日鏡報》還讓「珍」的真人模特兒克麗斯特貝爾（Cristobel）出鏡。克麗斯特貝爾1919年出生於漢普郡，是一對雙胞胎中的一個，被稱作美麗的「漢普郡金髮女郎」。《每日鏡報》刊登了她的照片之後，收到了堆積如山的讀者來信。

克麗斯特貝爾還開始演出有關「珍」的舞臺

模仿「珍」造型的女模特兒。

劇，冒著炮火和炸彈在全國巡迴演出，每去一個地方，她都會被無數熱情的士兵包圍。克麗斯特貝爾回憶說，有一次她在一個軍隊演出，她的出現使得整個團都驚呆了，那一天演出結束後，她接到六十二封求愛信。

和漫畫中的「珍」一樣，克麗斯特貝爾也總會上演一點小「脫衣秀」。但在1944年之前，她總是以猶抱琵琶半遮面的方式演出。而在1944年六月，諾曼底登陸之前，為了盟軍的榮譽，也為了鼓勵士氣，克麗斯特貝爾特別拍了第一張全裸的照片，登在《每日鏡報》上。幾天後這期報紙由飛機運到法國，盤旋的飛機從空中將大捆的報紙扔給準備突擊的盟軍士兵。

「珍」的裸照公佈一周之後，英國第36師向敵人的領地推進了六英里，這也許是個巧合，但大家卻對此津津樂道，將之歸於「珍」的魅力。1944年6月6日諾曼地登陸時，第一輛登陸的英國裝甲車帶著一幅巨大的「珍」的裸體畫，讓伴隨他們度過艱難時刻的「珍」一起見證歡樂的大反攻。二次世界大戰之後，克麗斯特貝爾在一次採訪中回憶道：「年輕人無法理解這一切的狂熱是為了什麼。但在戰爭時期，整個社會的氣氛是不同的，人們的感受也是如此，因此「珍」有一幫忠實的追隨者，這對那些男孩很重要。我喜歡這種因我而引起的狂熱，但是

我總是會驚奇於這個連環漫畫受歡迎的程度。人們常常問我這樣的話：『妳知道簡對我意味著什麼嗎？』」

事實上，「珍」對士兵意味著戰時生活的心理安慰。當他們在遠離家鄉的地方戰鬥，脫離了戰前的日常生活，沒有親人、沒有熟悉的景色，面對著戰鬥以及死亡帶來的心理壓力與恐懼時，「珍」讓他們回憶起了戰前的美好生活。因此每當疲憊而傷痕累累的士兵回英國休假時，他們最想要的不是溫暖的床鋪和一個熱水澡，而是一份《每日鏡報》，可以讓他們看到「珍」的最新情況。

在紀念二戰勝利五十週年的老兵集會上，克麗斯特貝爾也到場了，她儘管不是戰鬥人員，但對於二戰的士兵們來說，卻如同曾經並肩作戰的戰友。這時她已經年近八十歲，白髮蒼蒼，而那些曾經的年輕人也早已滿頭白髮。老兵們深情地凝望著她歷盡滄桑的容顏，紳士般向她要簽名，共同回憶著與她一起度過的戰火紛飛的年代。

「珍」的成長史

「珍」出生於戰前的平靜時光，她的創作者諾曼‧培特是一個珠寶商的長子，1891年4月12日出生在伯明罕。在倫敦藝術學校修完了函授繪畫課程之後，他開始為一些出版社創作卡通人物，也包括一些小丑的角色。他也曾經在伯明罕的中央藝術學校任教，但從第二次世界大戰開始，他就全心全意投入了連環漫畫的創作中。

培特以他自己的妻子瑪麗為原形，塑造了一個摩登的金髮女郎，這就是「珍」。並以他自己的一條寵物狗為原形，塑造了一條身長腿

短的獵犬，取名叫「弗里茲」，這個名字反應了當時英國人的反德情緒。他用簡單的鋼筆勾勒出這二個卡通人物，和第一次世界大戰時期的卡通海報美女雷內·吉菲的畫法很像。

《珍的日記》1932年12月5日開始在《每日鏡報》上連載。最初六年當中，「珍」總是以各種各樣清純的形象，和她的獵犬一起出現在讀者面前。然而，在1938年，弗里曼開始為這個連環漫畫寫故事，故事風格於是開始改變了，「珍」在歷險過程中，總是會遇到一些偶發的情況，最後丟掉大部分的衣服，而每次在丟掉衣服的過程中，「珍」卻並非是故意的，因而顯得特別具有吸引力。這個小伎倆讓連環漫畫在男性讀者中大受歡迎。

1939年九月，第二次世界大戰一爆發，「珍」的連環漫畫也隨之加入戰爭情節，「珍」成為倫敦一名粗暴陸軍上校的司機兼秘書。也正是在這段時間，培特在他以前就讀學校的畫室裏，看到了正在為學生擔任模特兒的克麗斯特貝爾。「這就是珍」，他忍不住脫口而出，於是這個美麗的「漢普郡金髮女郎」成為「珍」的新模特兒。

在接下來的幾年中，以「克麗斯特貝爾」為模特兒的「珍」，被派往英格蘭南部前線，去尋找德國間諜羅拉·佩格拉。在這裏，她與喬治·波格

模仿「珍」造型的女模特兒。

相識，這是個有魅力的小夥子，開始是「珍」的對手，後來則成為她的男朋友。

　　《每日鏡報》在給士兵送去的連環漫畫旁邊附以文字：「無論你是在坦克上還是在飛機上；無論你是在戰壕，還是營地，或是在軍艦上，『珍』給你們帶來了最好的祝福，同樣也希望你們會喜歡她的故事。」這部連環漫畫同樣也在一些軍事刊物上登載，這些刊物甚至整版刊登圖頁，她還被士兵們畫在坦克和飛機上。

左圖　培特漫畫中「珍」的造型。

右圖　培特漫畫中「珍」的另一個造型。

　　二次世界大戰結束後，「珍」成了一名員警，繼續與她的小狗及男友進行各種冒險。但因為戰爭結束，大眾的口味也有所變化，因此《每日鏡報》將「珍」的內容大幅度縮減，但是它仍繼續刊載直到1948年，這年培特離開《每日鏡報》，加入其競爭對手《星期日電訊報》的行列，並且開始創作另一個脫衣秀人物「蘇茜」，他的助手邁克爾．哈巴德則接手進行「珍」的創作，並嘗試採用現實主義畫風，也較少運用幽默感，因此他的創作並沒有原作那般受歡迎。

　　1959年10月10日的連環漫畫中，作者讓「珍」接受了喬治的求婚，兩個人坐船並肩欣賞夕陽，整部連環漫畫就此結束。後來還偶有試圖復活「珍」的形象的努力，但是都無法持久。比如1961年，《每日鏡報》又開始一個專欄名為「珍的女兒」，試圖用「珍的女兒」這個形象吸引新一代的年輕人，但是因為女兒缺乏母親的魅力和天真無邪的特徵，這個連載漫畫於1963年被迫停止。

引領文化潮流

　　儘管「珍」的連環漫畫不再繼續，但作為一個漫畫人物，她已經成為英國文化的標識，是各種流行文化的潮流引領者，無數連環漫畫以其為樣本進行模仿。最著名的模仿者則是《辣妹偵探》連環漫畫中的偵探薩莉。而二次世界大戰時，這個極受士兵歡迎的連環漫畫很快就有了美國版——密爾頓．卡尼夫的蕾絲小姐。與「珍」不同的是，「蕾絲小姐」只在軍隊內部傳閱，而且很少進行脫衣秀表演。

　　同時，經常作為《花花公子》封面出現的連環漫畫人物安妮．

法妮畫風也和「珍」很相似,有一次其創作者被問道「安妮‧法妮的靈感是否來自『珍』?」,他雖然不願意承認抄襲創意,但說確實對「珍」這部連環漫畫很熟悉。很多電視劇和電影也學習「珍」的脫衣秀,讓女演員遭遇各種偶發事件,在螢幕上無比單純地脫掉一件件的衣服。

　　「珍」自己也成為不少電影、電視的主角。第一部電影是1949年的《簡的冒險旅程》,由克麗斯特貝爾主演,儘管是一部黑白電影,卻無損於「珍」的魅力;1970年,「珍」成為一個舞臺劇主角;1982年到1984年,BBC做了一個「珍」的真人秀,由格蘭妮斯‧巴伯主演;1987年,特里‧馬塞爾又拍攝了一部電影《珍與失落之城》。

《辣妹偵探》連環漫畫

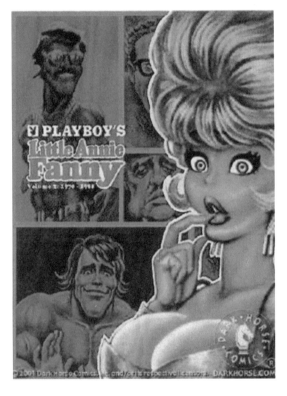

《花花公子》封面的連環漫畫人
物安妮・法妮。

　　但不管怎樣，
在流行文化中沒有誰
能夠取代「珍」的位
置。培特的書在不斷
的重印，全世界對
「珍」的關注也一直沒有停止過。2000年12月6日，「漢普郡金髮女
郎」克麗斯特貝爾去世時，不僅英國的報紙媒體都有報導，美國的
CNN也以「二次世界大戰連環漫畫人物『珍』的扮演者去世」為專
題，回憶了她和「珍」對於人們的意義。

　　「珍」作為英國第一海報女郎，在經歷過二次世界大戰的人們心
裏，永遠都是個美麗而珍貴的回憶。

1900年，二十世紀伊始，此時，巴黎彷彿是世界的中心。當年，巴黎萬國博覽會開幕，這已經是巴黎歷史上第三次舉辦世界博覽會。在被稱為「世紀之總」的盛會上，展示了西方整個十九世紀的科技文明成果，參觀者超過四萬人。如果按當時的人口數量統計，這一年，每十個歐洲人就有一個來到巴黎。

熔劍為針｜
戰時巴黎的時尚抗爭 文／唐建光

當時法國的工業部長儒爾‧羅什聲稱：法蘭西將改變昔日以希臘的輝煌照亮著人類思想的局面，在以後的人類史上，巴黎將是一個新的雅典。

儒爾‧羅什的話並非狂言。從十九世紀後半期開始，巴黎便已經是世界時尚和文化中心了。各種藝術潮流幾乎都發軔於此，並將影響力輻射到整個歐洲，尤其以時裝為甚。如果哪位時裝設計師沒有得到巴黎的認可，圈內人幾乎可以無視於他的存在。一時之間，巴黎的風格讓全世界亦步亦趨，甚至當傳言柏林要和巴黎競爭1900年世博會主辦權的

時候，還有人揶揄道：「柏林並非一個討人喜歡的城市。人們經常談論巴黎生活方式，卻從不談論柏林生活方式。」

毫無疑問，這是屬於巴黎的美好時代。

可是誰又會想到，短短十四年之後，美好時代就在薩拉熱窩的槍聲中結束了。

當德軍部隊抵達巴黎近郊的時候，以奢靡繁華聞名於世的花都，雖然已經無法在隆隆炮火中繼續過著時髦安逸的生活，但它依然保持著驕傲的時尚姿態。

巴黎的設計師是不會眼睜睜地看著自己在時尚界經營多年的名聲地位，隨著硝煙散去。當戰士在絞肉機一般的前線上廝殺的時候，巴黎的女士們，選擇用堅韌的美感來消解戰爭所帶來的創痛。對她們而言，時尚已不僅僅是華服錦袍，更是用來抗爭的樂觀精神和不屈意志。

再見，美好時代

隨著德軍攻入法國境內，法國政府被逼退守波爾多，巴黎的時裝產業受到了前所未有的重創。本來傳遞有序的時裝新品發表會，在1914年秋冬季被硬生生地打斷，眾多時裝店為了躲避戰火而關門歇業，有能力的設計大師們也紛紛出國避難。

雖然隨著德國佔領巴黎的計畫落空，情況多少有所改觀。但這絕不是戰爭給巴黎時尚界帶來的唯一創傷。為了補充兵員，法國政府徵召了大量男丁入伍，這其中甚至包括戰前巴黎時裝界的靈魂人

物——有「時裝之王」雅號的保羅・波烈。從二十世紀初開始，保羅・波烈就以他革命性的時裝理念引領著巴黎的風尚。他提出的女裝曲線新觀念，將女子從緊身胸衣的桎梏中解放出來，他設計的V領寬鬆外套取代了過去幾乎沒有任何空隙的緊口領，讓女性們能自由呼吸，他將伊斯蘭、印度、日本風情介紹給廣大民眾，以至於在巴黎形成了東方熱旋風。

就是這樣一位時裝界的導師，在戰時卻只能待在被服廠中設計大衣，為能給軍裝省下一米布料而絞盡腦汁，這無疑是巴黎時裝界的重大損失。由於設計師和裁縫師的大量流失，1914年秋冬季，巴黎女裝雜誌居然拿不出新款式介紹給大眾，只能建議他們的讀者在前一年秋冬款上加些黑色、褐色、海軍藍色的真絲或雪紡罩紗，權且當作新款，聊以自慰。然而，時尚界最致命的打擊卻是來自資源的匱乏。當時，時裝業最重要的原料是羊毛，但是東線激烈的戰事卻讓法國的羊毛產量銳減七成，再加上軍服的大量需求，哪怕是最劣等的羊毛也供不應求。潛艇戰的出現更是讓法國的羊毛進口，幾近癱瘓。

戰爭歲月裏，巴黎市場上羊毛紡織品的價格飛漲。根據百貨公司的記錄，1915年到1916年的一年時間裏，羊毛女士套裝價格從79法郎上升到131法郎，漲

第一次世界大戰末期，這種服飾成為流行。

幅達到百分之六十。以羊毛為原料的天鵝絨價格，從1915年的5.75法郎一米，漲到1916年的8.50法郎一米，到1917年，則飆升到10.50法郎的高位。1918年10月號的《Femina》雜誌悲哀地預言：「過不了多久，我們就會看到，穿僧侶袍（羊毛面料）比穿織錦緞（真絲面料）更奢華。」匱乏的不僅僅只有羊毛。第一次世界大戰之前，法國時裝工業用於印染的化學原料，絕大多數進口自德國。戰事一開打，進口管道就此關閉。國內有限的庫存，也被軍工廠接管，因為製造染料的原料同樣可以用來生產炸藥。和羊毛、染料一樣，皮草也被當作軍用物資，而實行管制。因為徵兵，熟練工人的損失也讓時裝界頭疼不已。匱乏，成為1914到1918年間，時尚圈裏最常見的字眼。巴黎優雅富足的美好時代，從此成為歷史。

第一次世界大戰後英國一個家庭，大人和孩子們穿著法國式服裝，慶祝遲來的和平。

在紡織廠工作的女工。

改革，時尚的主題詞

　　羅蘭‧巴特曾經說過：「歷史中一段暴烈的插曲（戰爭、遷徙、革命等），往往是將原有體系擊倒的最後一拳。」第一次世界大戰時期的物資匱乏，逼迫巴黎時尚界選擇了一條新的道路，它們放棄了從前以「帝國幻象」為藍本的風尚，迅速進入了現代時裝的階段。引導時裝走上尊重人性道路的，卻正是反人性的戰爭，說來不免讓人覺得匪夷所思。

　　第一次世界大戰為歐洲帶來的重大改變之一，就是讓女性有機會走出家門，全面參與到社會工作之中。雖然第一次世界大戰之前，

已經有不少女權主義者宣導女性在經濟中的地位。可是，礙於保守勢力的阻撓，參加社會勞動的女性依然是鳳毛麟角，工作崗位更被限定在一個極小的範圍內。而戰爭的殘酷讓反對女人工作的聲音噤若寒蟬，勞動力的缺乏更讓女士們開始操持起以往只屬於男人的工作，比如開電車、進工廠、耕種等等。

大量的戶外活動決定了女性著裝必須合體、舒適、宜於運動。於是，緊身胸衣這種束縛了女性四百年的時裝走入了歷史。1914年以前，無論是翻看的百貨商店產品目錄還是女裝雜誌，不管什麼季節，都會有穿緊身胸衣的模特兒出現在顯眼的地方。但是1914年之後，很少有雜誌將緊身胸衣當作

戰爭時期，身著男裝制服的女軍官。

報導重點，更別說向讀者推薦了。

　　你能指望顧客穿著它從事體力勞動嗎？女性戶外活動的與日俱增，讓緊身胸衣成了徹頭徹尾的過氣明星。

　　伴隨著緊身胸衣退出歷史舞臺，套裝開始成為女士衣櫃裏的主角。套裝由休閒裝發展而來，穿著舒適。不過，第一次世界大戰之前它可是被當作為女性爭取參政權團體的制服。在戰時的巴黎，套裝因其能輕鬆應對各種場合而備受青睞：工作可穿，上街可穿，買菜可穿，換一件考究的上衣甚至能出席晚宴。套裝取代了緊身胸衣，成為女士最普遍的日常裝束，這個趨勢一直延續到戰爭結束。巴黎的另一位時裝大師香奈兒將套裝的設計發揚光大，成為品牌的當家款式。

　　一戰期間，巴黎女士時裝的另外一個潮流是制服風格。因為大量女性從事著戰爭的後勤工作，例如：軍工廠工人、司機、郵差等，而這些工作經常要求身穿統一的制服，於是制服風格自然而然地進入了女性日常著裝的領域之中。甚至於法國女性首次穿上長褲，也是在這個時候開始。陽剛的制服風格給巴黎的時裝設計增添的很多新的靈感，「中性化」成為一個具有奇妙吸引力的設計理念，直到如今依然魅力不減。

　　不過，要是覺得制服風格全是男人味十足，那也錯得離譜。制服中最受歡迎的是護士裝。甚至是那些眼高於頂的貴婦人，也希望能成為溫柔與善良的化身。當時在巴黎時尚界已經很有名氣的朗萬女士，就曾經為這些上流社會的女性，打造過帶有紅十字臂章的高

級時裝。

就在戰士們浴血疆場的時候，身居巴黎的女士們也開始了戰鬥。只不過她們是戰鬥在廚房中、保育室內、工廠裏、大街上……和幾個國家爭霸歐洲的戰爭相比，女性用不懈的戰鬥為自己贏得了解放，打拼出一個不再受人約束與擺佈的未來。

匱乏，創新的源泉

雖然已經能最大限度調動起女性的勞動熱情，但物資匱乏依然是巴黎時裝界最大的障礙，而且短時間內不可能解決。於是，從面料開發商到設計師、裁縫，巴黎開始了「創新大賽」，因陋就簡，誓言要在戰爭的陰霾中重燃美的火種。

第一個難題就是布料的緊缺。羊毛因為產量驟降而供不應求，再加上一些商人的囤積居奇，羊毛紡織品的價格居高不下。連時裝雜誌做專題的時候都要慨歎：「我們什麼都能找到，但是什麼都很貴！」於是，時裝界開始了「節省布料」的運動。1915年的時候，流行的還是下擺寬大的長裙，而到了1917年，直身裙變成了市場的主流。巴黎高級時裝工會也應政府的要求，自覺削減了製作時裝所使用的布料用量。同時，一項針對羊毛面料消費的特別稅也開始徵收。

與第一次世界大戰一樣，第二次世界大戰也對服飾風格有所影響。這是第二次世界大戰時期的彩色毛線。

　　種種措施導致巴黎流行女裝的布料量一減再減。以著名的鐘形裙為例，1915年製作一條鐘形裙需要八米布料，而到了1916年，布料量減至五米半。過了一年，這個數字甚至減到了四米半。

　　有意思的是，當時裝界正被迫削減布料使用量的時候，有人卻自願升高了裙擺。首倡之人是在戰地醫院奔忙的護士，她們早就深受長裙之苦。長可曳地的裙子，不但穿著不適，更阻礙了她們的自由活動。於是，腳下那一段既不衛生又礙事的裙擺，便在護士的剪刀下消失了。沒想到，護士們的大膽嘗試和時尚界一拍即合。從此，這種露出腳踝，並時常搭配飾帶、半靴的裙子就成了最時髦的款式。當然，它也是當時女裝中最自由舒適和實用的款式。那個時代的設計師朗萬女士，親切地稱之為「戰裙」。

　　從中世紀開始，西方女性著裝始終以露出雙腿為禁忌。直到1915年，這個規則終於開始鬆動。雖然只是手掌寬的一截，卻是女性時裝發展歷史上重大的里程碑。

　　而布料上的創新並沒有到此結束，節流必須和開源同時進行。巴黎的設計師瞄上了真絲這種以往的奢侈面料。由於日本對法國的蠶絲出口沒有受到太大的影響，巴黎市場上的絲綢面料價格基本上還

算穩定。這讓很多原本使用羊毛面料的設計師轉而投向真絲門下，或者將絲綢、皮草、毛料等組合起來使用。加上俄國十月革命之後，大量俄羅斯手藝人逃亡巴黎，帶來許多珍貴的刺繡技法，也使得蕾絲和刺繡裝飾在這個時期大行其道。

　　另外，由於皮草作為軍用物資受到管制，布料商不得不開發許多被人忽視的新型毛皮原料，如旱獺、麝貓、海狸等等。還有一些設計師開始關注全棉紡織品──這是一種以往讓人感覺比較廉價，基本只出現在下層居民身上的布料。當然，隨著戰爭的進程，眾多用於戰場的特殊材料，也成為設計師的靈感來源。例如：Burberry賴以起家、製作風雨衣的橡膠塗層防水布料，甚至製造飛機用的軍用新材料……。戰爭結束的幾年後，這些當時看似怪異的布料試驗，卻成為巴黎時裝帝國迅速復興的基石。

　　二十世紀初期，巴黎被譽為世界時尚之都，這份殊榮植根於自時尚界和市民對美的探索與堅持。對美的探索，可從雖然兵臨城下、物資匱乏但巴黎時裝業仍因地制宜地創造流行管窺一、二。而對美的堅持則從「標準套裝」事件就可見一斑了。1918年八月，法國工業部和貿易部率先組成了一個國家服裝委員會，想向大眾推廣一套名為「標準套裝」的服飾。本意是為了對抗通貨膨脹而低價傾銷的「標準套裝」，卻在巴黎遭到冷淡的對待。因為這套由50%回收羊毛，25%碎棉花和25%新羊毛組成的衣服，品質實在低劣，哪怕是身處匱乏之中的巴黎居民，也不願意自降身價穿上它。

漫畫家亨利厄特在週刊《L'Illustration》上發表作品，諷刺「標準套裝」是：「爸爸、媽媽、小孩，穿上去都一樣。法蘭西居然以這樣的方式，第一次實現了人人平等！」這個評論雖然刻薄，卻也道出了些許真理：巴黎成為時尚之都，靠的是民眾和藝術家對美、對多樣性的追求和堅守，想靠一個國字頭單位推出的所謂「標準」來統一民眾的審美觀，無異於癡人說夢。

國家圖書館出版品預行編目（CIP）資料

時尚流行二千年：打破潮流的19個歷史片段 / 唐建光
主編. – 二版. -- 臺北市：信實文化行銷, 2015.07
面；　公分 —— （What's Fasion）
ISBN：978-986-5767-76-1（平裝）

1. 時尚　2. 歷史　3. 文集

541.8509　　　　　　　　　　　104011455

What' s Fashion

時尚流行二千年：打破潮流的19個歷史片段

作　　者　唐建光 主編
總 編 輯　許汝紘
副總編輯　楊文玄
美術編輯　楊詠棠
行銷企劃　陳威佑
執行企劃　劉文賢
總　　監　黃可家
發　　行　許麗雪
出　　版　信實文化行銷有限公司
地　　址　台北市大安區忠孝東路四段 341 號 11 樓之3
電　　話　（02）2740-3939
傳　　真　（02）2777-1413
官方網站　www.whats.com.tw
網路書店　shop.whats.com.tw
E-Mail　　service@whats.com.tw
Facebook　https://www.facebook.com/whats.com.tw
劃撥帳號　50040687 信實文化行銷有限公司

印　　刷　皇城廣告印刷事業股份有限公司
地　　址　新北市中和區永和路193號
電　　話　（02）2246-0548

總 經 銷　高見文化行銷股份有限公司
地　　址　新北市樹林區佳園路二段 70-1 號
電　　話　（02）2668-9005

本書原出版者為金城出版社，簡體版原書名為：《時尚史的碎片》。
版權代理　中圖公司版權部，經授權由信實文化行銷有限公司在台灣出版繁體字版。

更多書籍介紹、活動訊息，請上網輸入關鍵字　高談書店　搜尋